AF367113

CUADERNOS DE APUNTES
SOBRE CÚTAR

ExLibric

JOSÉ IGNACIO REY COÍN

CUADERNOS DE APUNTES
SOBRE CÚTAR

EXLIBRIC
ANTEQUERA 2021

JOSÉ IGNACIO REY COÍN

CUADERNOS DE APUNTES
SOBRE CÚTAR

Dedicado a mi padre;
disfrutaría más que nadie al leer este trabajo.

Carta de presentación

Cuando hace años empecé a tomar apuntes de cualquier información o noticia sobre Cútar que caía en mis manos, nunca pensé que con el tiempo esos apuntes acabarían plasmados en este libro que ahora presento, porque nunca, en ningún momento, pasó por mi cabeza la idea de componer este trabajo.

Mi primera intención fue solo la de curiosear e intentar averiguar algo sobre la mina de plomo que se encuentra en el paraje de la Merina, una mina de la que había oído hablar desde pequeño y que en muchas ocasiones visité y «exploré». Mi curiosidad sobre la mina tenía un motivo digamos familiar porque, según tenía entendido, mi abuelo en su juventud había tenido alguna relación con ella; de hecho, yo conocía desde chico su nombre, la Serranita, y en mi casa tuve como juguete una lámpara de minero (que con el tiempo averigüé que era de las llamadas sicilianas), además de una enorme barrena que se había utilizado en la Serranita y que aún conservo. También se decía en mi entorno que el último capataz que hubo en la mina, de apellido Cervantes, tuvo alguna relación con la familia. Todo lo dicho anteriormente, unido a la fascinación que siempre me produjo el interior de la mina, hizo que hace años me propusiese averiguar todo lo posible sobre la Serranita.

Al comenzar mis averiguaciones, muy decepcionantes al principio porque no tenía ni pajolera idea de dónde buscar, me fui tropezando con todo tipo de artículos en revistas, en libros y también de noticias en hemerotecas, en las que aparecían referencias a casi cualquier periodo de la historia de Cútar, noticias de todo tipo sobre el pueblo, menos sobre lo que yo estaba interesado en encontrar, puesto que la mina no aparecía por ningún lado.

Al final y tras muchos años, no sé si por constancia o por cabezonería, logré recopilar los apuntes sobre la mina Serranita que se incluyen en el último cuaderno de este libro, pero también me encontré con una cantidad tal de información «adicional» sobre Cútar y su historia que llegué a pensar que sería un auténtico desperdicio guardar toda esa información y no divulgarla.

El problema es que no soy historiador, ni arqueólogo, ni filólogo, y que mi experiencia como escritor no es muy amplia. Hace años edité un manual de construcción, un tema que conozco bastante bien por mi profesión, pero que por su lenguaje técnico he de reconocer que no tiene ningún mérito narrativo. Embarcarme en escribir, solo por afición, sobre temas que conozco a medias al principio me **echaba p'atrás,** pero al final me envalentoné y aquí está el resultado. Eso sí, aunque no tengo experiencia como escritor, soy un auténtico erudito en la lectura. «Devorar» libros es una afición que desde pequeño siempre me ha acompañado y esto me ha ayudado a tener una cierta facilidad para expresarme con la palabra escrita, no así con la hablada, lo que me ha ayudado mucho a escribir estas líneas y las que siguen.

Por otro lado, el no pertenecer a ninguna de las ramas de las humanidades que antes he mencionado me permite una libertad de expresión muy amplia, pues no me siento sujeto a ninguna disciplina académica ni corporativa. Puedo permitirme el lujo de insertar en un mismo párrafo conclusiones diferentes sobre diferentes temas y quedarme tan tranquilo, sin tener remordimientos por si alguna de esas conclusiones ataca la pureza de la ciencia de la que emana. El libro que tienen delante no es, por tanto, ningún tratado histórico convencional, sino que es más bien un sitio donde recojo y expreso mi percepción personal de parte de la historia de mi pueblo. Seguro que me equivoco en muchas de mis argumentaciones, pero al fin y al cabo son solo mis ideas las que expongo aquí.

Al leer sobre temas científicos me he encontrado con que los eruditos escriben sus trabajos pensando más en sus compañeros de gremio, perdón por la expresión, que en el público en general, pues sus colegas de gremio son los que más van a consumir sus productos. Eso repele un poquito a la persona que por curiosidad inicie la lectura de un tratado histórico, por ejemplo, y se encuentre con tal cantidad de datos, fechas, referencias… que esa lectura se hace ininteligible, y en ocasiones aburrida, para el lector aficionado, pero ahora entiendo el porqué. Yo he intentado por todos los medios alejarme de ese «eruditismo» que tienen muchos tratados históricos o arqueológicos, pero tengo que reconocer que en muchos pasajes no lo he logrado. En la Historia, aunque sea en una historia pequeñita como la mía, se hace inevitable apoyarse en fechas y datos; si además quieres aportar las opiniones escritas por otros autores a tu trabajo, no tienes más remedio que referenciarlas correctamente; si además, como yo he hecho aquí, basas tu trabajo en citas textuales de esos autores, no tienes más remedio que mencionar las fuentes. Tal vez he abusado, lo reconozco, de esas fuentes, pues he insertado en estas páginas muchos textos escritos por grandes estudiosos de todas las épocas, antiguos y modernos. He procurado que esas citas se distingan perfectamente dentro del libro, porque considero que es lo más justo: son palabras escritas por otros autores y como tales se les reconoce su trabajo, que yo aquí utilizo en mi beneficio.

A esos otros autores que he utilizado en mi beneficio para hacer este trabajo quiero agradecerles el suyo, pues me ha resultado imprescindible para llevarlo a cabo. También agradecer a todas esas corporaciones, estatales o privadas, el esfuerzo que hacen para digitalizar archivos, libros, revistas, periódicos, etc., y ponerlos a disposición del público en general colocándolos en la red, pues han sido la base de consulta de gran parte de este libro. Agradecer también a esas personas que leyeron partes de este trabajo y que me animaron a seguir con él: Francisco, Rocío, Mari, Tere, Pepa… Pero sobre todo quiero agradecer a Censi, mi esposa, la paciencia que ha tenido conmigo por aguantar las horas y horas que he estado a su lado pero ausente, embarcado en una búsqueda que al final no ha resultado inútil, pues ha acabado plasmada en este libro.

La obra la he dividido en cuatro partes que he llamado cuadernos de apuntes, pues en realidad eso es lo que son, apuntes de diferentes temas recogidos de diferentes sitios a los que he añadido mi toque personal como aportación. No guardan ninguna relación de continuidad entre ellos, pues tan solo el segundo y el tercer cuaderno se pueden relacionar al tratarse de historias de al-Ándalus, acaecidas en dos épocas históricas separadas por muchos años.

En el cuaderno número 1 se habla de la Peña de Hierro. La Peña es una pequeña colina enclavada en mitad del término municipal de Cútar, en la zona de las Rozas, coronada por una formación kárstica de paredes verticales, en la que desde hace décadas se sabe que hubo un asentamiento prehistórico muy importante. Los apuntes que forman este cuaderno se han extraído de los trabajos que sobre la Peña se han editado. En todos ellos se hace especial hincapié en la importancia del yacimiento y en su continuidad en el tiempo; también se da un repaso a la gran cantidad de yacimientos que existen en toda esa zona de las Rozas, conocidos solo a través de prospecciones superficiales, sobre todo en las que están en el término municipal de Cútar.

El tema del segundo cuaderno ha sido para mí el más fácil, por conocer el entorno **del tema** muy bien. En él he tratado de «descubrir» al público un castillo que existió en lo alto del Cerro de Cútar, del que también se conocía su existencia desde antiguo, pero que hoy en día nadie recuerda. Quizás llamar castillo a lo que allí hubo sea un poco exagerado: aldea fortificada o torre defensiva encajaría mejor. Yo aquí, al principio del cuaderno, intento describir los restos de muros o de cerámica que se encuentran desperdigados por el monte, los comparo con los hallados en otros yacimientos de la comarca y, por último, intento dar una justificación histórica a la existencia de un castillo en aquel lugar. Esta justificación está sujeta a todo tipo de análisis, pues se basa únicamente en mi observación personal del terreno y en mi intento de equiparar la historia de este castillo con la de los que existieron por toda la zona de los Montes de Málaga entre los siglos VII y XI.

El tercer cuaderno arranca en los años finales del reino nazarí de Granada y está dividido en dos partes. La primera parte es casi un homenaje a un personaje que vivió en Cútar en aquellos años, ejerciendo de alfaquí e imán de la mezquita, al que sin pedirle permiso convierto en cronista de la época. A partir de las anotaciones que nos dejó en sus libros, repaso todos los acontecimientos históricos que tuvo que vivir y padecer y que afectaron directamente a la historia del pueblo. Cuando el alfaquí ya no puede ayudarme, porque sus escritos se acaban, sigo repasando por mi cuenta las vicisitudes de sus paisanos moriscos hasta el momento en que, por imperativo legal, tienen que abandonar las Españas, allá por el siglo XVII.

En la segunda parte del cuaderno expongo las primeras noticias gráficas conocidas de la, en aquellos tiempos, *qarya* Aqüta, para a continuación presentar todo un catálogo de sitios singulares cutareños, en el que tienen cabida monumentos tan importantes como la iglesia junto con humildes fuentes perdidas en mitad del campo. En todos los casos intento desvelar los orígenes, la historia y la evolución hasta nuestros días de todos esos sitios singulares.

Por último, el cuaderno cuarto trata sobre lo que ya adelanté al principio de esta carta de presentación: de la mina Serranita, sobre todo de los datos documentales que he podido recopilar sobre ella. Al final va a resultar que la mina Serranita, y por su culpa Cútar, quizás fuese el elemento singular más conocido internacionalmente de todos los que tenemos en el pueblo.

Y ya acabo. Al poner esto en circulación me asalta una serie de sentimientos encontrados. Por un lado, siento una gran satisfacción personal por el trabajo realizado; y por otro lado, me asalta el miedo de que el resultado aburra y no guste a nadie. Tengo que decir que se me queda en el tintero una gran cantidad de información que daría para otra serie de cuadernos de apuntes, por lo que, si este libro gusta, prometo intentar ordenarlos para publicarlos. Ahora bien, si esto no gusta y recibo muchas críticas, para vengarme de ellas también intentaré publicarlos.

Breve reseña geográfica

«Laberinto de barrancos y sierras por los que no es fácil el desplazamiento». De esta manera describió el ingeniero de montes sevillano don Miguel Bermejo Durán, allá por el año 1919, cuando se ocupaba de la repoblación forestal de los Montes de Málaga, el paisaje montañoso que disfrutamos en la comarca de la Axarquía. El relieve que se nos presenta en toda la comarca es abarrancado como consecuencia de la fuerte erosión que ha producido en el terreno el carácter torrencial de las lluvias propio del clima mediterráneo. Esta erosión ha modelado el paisaje de tal forma que se van alternando lomas y cañadas por toda la extensión del territorio, presentando grandes pendientes en sus cerros, marcados por la imagen que la intensiva explotación agrícola tradicional (vides, olivos, almendros y cultivos de secano en general) ha producido en ellos.

La comarca

La comarca de la Axarquía tiene unas fronteras naturales muy claras y definidas: se encuentra «encerrada» por diferentes accidentes geográficos que la delimitan por todo su perímetro. Así, por el lado oeste son la orilla oriental del río Guadalmedina y la carretera de los Montes, que baja hacia la costa, quienes marcan los límites. Por el norte, a partir del puerto de las Pedrizas, comienza una muralla de sierras que forman parte del llamado «arco calizo» de la provincia de Málaga: Sierra Prieta, sierra de Camarolos, sierra del Jobo, sierra de San Jorge, sierra de los Alazores, sierra de Alhama, hasta llegar al puerto natural del «boquete» de Zafarraya. A partir de aquí el límite norte de la comarca continúa con las dos sierras pertenecientes al sistema montañoso de la cordillera Bética: la sierra de Tejeda (donde se alcanza el techo de la provincia de Málaga, el pico Maroma, de 2.065 metros de altitud) y la sierra de Almijara, la cual, en su último trayecto, forma un arco hacia el sur hasta llegar a la costa. Todas esas sierras y montañas hacen de frontera natural con la provincia de Granada. El litoral del mar Mediterráneo, o mar de Alborán, ocupa toda la parte sur de la comarca, con una sucesión de magníficas playas como característica principal, que se extienden por toda la costa.

En el interior de este cercado natural se desarrollan dos sistemas montañosos de menor altura, que son similares en el aspecto, pero distintos en la composición del terreno. Por un lado, en el oriental, tenemos el macizo de Vélez, sucesión de montes que desde las sierras llegan hasta la costa. La otra cadena montañosa ocupa toda la zona occidental y son los llamados Montes de la Axarquía, que forman parte de los Montes de Málaga, que se extienden por todo el norte de la provincia, llegando hasta Casabermeja y Almogía, fuera ya de la comarca axárquica. La vega del río Vélez y la cuenca superior de los ríos Benamargosa y de la Cueva hacen de línea divisoria entre estas dos cadenas montañosas.

Por último, al noroeste de la comarca se extiende una zona de meseta, con terrenos relativamente llanos si se comparan con el entorno circundante, que recibe el nombre de corredor de Periana-Colmenar. Esta meseta comienza en las llamadas Rozas de Vélez (pantano de La Viñuela) y se eleva de este a oeste hasta llegar a orillas del río Guadalmedina.

Los 31 pueblos que forman la comarca malagueña de la Axarquía son los siguientes: Alcaucín, Alfarnate, Alfarnatejo, Algarrobo, Almáchar, Árchez, Arenas, Benamargosa, Benamocarra, El Borge, Canillas de Aceituno, Canillas de Albaida, Colmenar, Comares, Cómpeta, Cútar, Frigiliana, Iznate, Macharaviaya, Moclinejo, Nerja, Periana, Rincón de la Victoria, Riogordo, Salares, Sayalonga, Sedella, Torrox, Totalán, Vélez-Málaga y La Viñuela.

El municipio

Cútar, la localidad, se encuentra situada en los Montes de la Axarquía, en la ladera norte del cerro de su mismo nombre (Cerro

Cútar, de 595 metros de altitud), que baja hasta la ribera del arroyo del Paumé o río de Cútar, presentando un desnivel medio del 52 %. La parte alta del pueblo se eleva 331 metros sobre el nivel del mar y la más baja 254 metros; esta diferencia de altura confiere al pueblo su característica principal: calles muy empinadas, imposibles para la circulación de vehículos, que confluyen en la calle principal, calle Fuente, que divide en dos la localidad. Tomando como referencia a la iglesia de la Encarnación, monumento más destacado del pueblo, las coordenadas geográficas de Cútar son: latitud 36° 49' 52.20'' norte, longitud 4° 13' 44.31'' oeste.

El término municipal de Cútar tiene una extensión de 20 km², teniendo como colindantes al sur (y también al norte) los municipios de El Borge y Almáchar; al noroeste, Riogordo; al oeste, Comares; al este, Benamargosa y La Viñuela; y al nordeste, el municipio de Periana. El hecho de que El Borge y Almáchar compartan lindes con Cútar tanto por el norte como por el sur se debe a la curiosa distribución territorial que se produjo después de la conquista de la taha de Comares por los Reyes Católicos y que se explicará a continuación.

El río de la Cueva atraviesa el término de este a oeste formando la divisoria, que ya mencionamos anteriormente, entre los Montes de la Axarquía y el macizo de Vélez. Las riberas de los ríos y arroyos que se encuentran en toda la zona, además de las laderas de los montes aledaños, han sufrido en los últimos tiempos una gran transformación provocada por la introducción de los cultivos de frutos subtropicales (aguacates y mangos principalmente), que se han adaptado a la perfección al clima de la zona y que han cambiado por completo el paisaje de la comarca.

Según los datos publicados por el INE, a 1 de enero de 2019 el número de habitantes en Cútar es de 607, que se reparten entre la propia localidad y una serie de pedanías y alquerías repartidas por todo su término municipal. Salto del Negro, La Zubia, La Molina y Loma León (que son las más destacadas), Huerta Palacios, Cuesta del Azúcar, Monte de los Frailes, Cortijo Grande y toda una serie de caseríos y cortijos desperdigados por todo el territorio conforman el mapa político del municipio.

Cútar en los años 60

El enclave de las Rozas, una anomalía territorial heredada de los Reyes Católicos

En el extremo norte del término municipal de Cútar «disfrutamos» de una anomalía territorial que se da en muy pocos lugares de España y que aquí tenemos por partida doble: los enclaves territoriales que El Borge y Almáchar tienen en la zona llamada de las Rozas.

La definición que da la RAE para **enclave** es la siguiente: «*Territorio incluido en otro con diferentes características políticas, administrativas, geográficas, etc.*». Un enclave territorial es, por tanto, un territorio que está situado dentro de otro territorio sin que compartan estatus administrativo y que puede ser nacional, regional, provincial o municipal[1].

La mayoría de los enclaves actuales que se conservan en España proceden de la Edad Media y generalmente se originan cuando un monarca concede a algún municipio o ciudad los derechos de uso sobre pastos, abrevaderos o incluso sobre la madera que producían bosques cercanos, pero que no estaban dentro de los territorios de esos municipios; de esa época, de fines del siglo XV, proceden los enclaves de las Rozas[2].

Tras la Reconquista y la entrada de la taha de Comares en el reino castellano, se da inicio a los repartimientos de los territorios

---

[1]   Por ejemplo, al sur de Francia, desde 1640, existe un enclave español llamado Llivia, que tiene una extensión de casi 13 km^2 y que contaba en 2018 con 1.428 habitantes. Estos se tienen que desplazar a Girona, la provincia a la pertenecen, para solucionar cualquier tema administrativo que les pueda surgir.

[2]   Lo que sigue a continuación es un extracto de un informe depositado en el archivo municipal de El Borge incluido en la obra de Manuel Téllez Laguna *El Borge, un pueblo axárquico,* págs. 71-73.

de la taha entre las cinco alquerías que la formaban, que ya habían conseguido el «título» de villas realengas. Los vecinos de Comares, Benamargosa y Cútar, por su situación geográfica, obtienen en el reparto tierras en las Rozas aptas para el cultivo de cereales, **tierras de pan llevar** como se las denominaba entonces, pero Almáchar y El Borge se quedan lejos de esas tierras productoras de **pan.** Los vecinos de esos dos pueblos se las reclaman a los Reyes Católicos, que, aceptando sus reclamaciones, conceden a ciertos vecinos de las dos villas terrenos en las **Rozas de Vélez** aptos para cultivar cereales.

Con el paso del tiempo se van produciendo cambios en las lindes de los antiguos repartimientos, por ventas o cesiones de terrenos entre los dueños de las parcelas, pero la dependencia administrativa de esas tierras con El Borge y Almáchar se mantiene. Cuando en 1833 se lleva a cabo la reforma territorial de los reinos históricos españoles, dando lugar a las provincias actuales[3], se respetan las divisiones de los antiguos enclaves. En 1874 el Instituto Geográfico y Estadístico (hoy Instituto Geográfico Nacional) comenzó en la provincia de Málaga el levantamiento de planos que delimitan los términos municipales de toda la provincia, y en ese levantamiento de planos ya aparecen reflejados los enclaves de El Borge y Almáchar al norte del término municipal de Cútar[4].

Entre Cútar y El Borge siempre ha habido un tira y afloja por esas tierras, motivado por la agregación y segregación de parcelas a lo largo de siglos entre los dos municipios, lo que ha dado lugar a una serie de reclamaciones históricas por las lindes de esas fincas. La brigada topográfica encargada de solucionar estas reclamaciones citó en 1874 a los representantes de los pueblos de Cútar, El Borge, Periana y Riogordo (Almáchar se quedó al margen de este litigio) sin que se llegase a un entendimiento entre las partes; las citó por segunda vez en 1876 y dos veces más en 1927, y ya en esas reuniones

---

[3]   En la reforma territorial del ministro Manuel de Burgos.

[4]   Cútar (Málaga). Planimetría. *1874-1928.* Título: «Ayuntamiento de Cútar, bosquejo planimétrico». AHPM. Signatura: IECA1989004121. Depositado en el Archivo Histórico Provincial de Málaga (AHPM).

se realizan los deslindes del enclave entre El Borge y Cútar. Estos deslindes quedaron reflejados en las actas que se remitieron al pleno de la Diputación de Málaga celebrado el 25 de abril de 1906, donde se aprueban las líneas municipales y catastrales de ambos municipios. No obstante, Cútar continuó con sus reclamaciones y en 1925 se entabló un nuevo pleito que duraría hasta los años 40 del siglo pasado y que acabaría con la definitiva división territorial que tenemos en la actualidad, que se basó en el estudio y reforma de la planimetría de 1874 y que recibió el visto bueno de las autoridades en 1928.

> *«Por haber sido modificadas las líneas límites del término de Cútar con las de Borge y Almáchar en las Rozas de Vélez según la R. O. del Ministerio de la Gobernación de 10 de julio de 1926, la parte que aparece rayada en rojo pasa a pertenecer al término municipal de Borge en las Rozas de Vélez…*
>
> *Madrid, 9 de enero de 1928»*[5]

---

[5] *Cútar (Málaga). Planimetría. 1874-1928.* Título: «Ayuntamiento de Cútar, bosquejo planimétrico». AHPM. Signatura: IECA1989004122.

CUADERNO 1º

DESDE LA MÁS REMOTA ANTIGÜEDAD

Introducción

Desde la más remota antigüedad las tierras que hoy en día forman parte de la comarca que conocemos con el nombre de la Axarquía han estado habitadas. Los restos de las civilizaciones que han ocupado el territorio dan fe de ello, puesto que, a pesar del empeño destructor del que el hombre hace gala, muchas huellas dejadas en el pasado por esas civilizaciones han llegado hasta nosotros en forma de yacimientos de todo tipo, que esos genios llámados arqueólogos se encargan de desenterrar, investigar y divulgar para que los legos como yo, que tenemos curiosidad por conocer nuestro pasado, vean en parte saciada esa curiosidad.

La lástima es que esos arqueólogos están tan limitados por los medios que tienen a su disposición para llevar a cabo sus estudios que en numerosas ocasiones yacimientos que pueden ser importantes, o que incluso se sabe con toda seguridad que son importantes, nunca se llegan a investigar, bien por falta de medios o de interés o por simple incompetencia de los organismos que deben patrocinar esos estudios (pónganles ustedes el nombre que quieran a esos organismos). El resultado final es que muchos de esos yacimientos acaban desapareciendo para siempre sin haber sido ni siquiera catalogados.

El problema de fondo: la desaparición de yacimientos

La comarca que abarca a los municipios de Alcaucín, Periana, Alfarnate, Alfarnatejo, Casabermeja, Colmenar, Riogordo y La Viñuela y parte de los de Cútar y Benamargosa, lo que en términos geográficos se conoce como corredor Periana-Colmenar y cuenca alta del río Vélez, es un claro ejemplo de lo dicho. En el mundo de la arqueología se sabe que toda esta comarca era una zona llena de poblados habitados desde el Neolítico[1] en adelante: Tajo de Gómer en Riogordo, Cerro de la Capellanía, Cerro Alcolea, Las Mezquitillas y Marchamonas en Periana, Peña de Hierro en Cútar, La Herriza en La Viñuela, Cerro de la Negreta en Alcaucín, Puerto de la Mina en Alfarnatejo, Cortijo de la Cueva en Alfarnate, Los Colmenares y Cerca Niebla en Vélez son algunas de las localizaciones donde se ha documentado la existencia de poblados prehistóricos. Sin embargo, el único entre todos ellos que ha sido excavado en profundidad y datado cronológicamente es el del Cerro de la Capellanía, en una actuación de urgencia realizada en 1986 por el peligro inminente que representaba para el yacimiento la puesta en uso del pantano de La Viñuela. En el resto de yacimientos solo se han hecho prospecciones superficiales que han servido para catalogar los emplazamientos, pero de poco más.

Algo parecido pasa con los enterramientos prehistóricos de la zona. Tomando como referencia un trabajo publicado hace ya veinte años[II] vemos que, aunque el «catálogo» de enterramientos megalíticos conocidos es amplio, los mismos autores del estudio nos advierten de que existe un problema de fondo: «*la falta de prospecciones y estudios intensivos, pues, además de que quedan muchos yacimientos por descubrir, los que se conocen no se excavan*». Estos yacimientos están continuamente expuestos al expolio y al saqueo por parte de rebuscadores y eso da lugar al hecho de que si, por casualidad, algún día se lleva a cabo una excavación seria en ellos la gran mayoría de las piezas que servirían para dar consistencia a la catalogación estarían desaparecidas, ocultas en colecciones particulares, desvirtuando de esa manera las conclusiones de la investigación.

El resumen del trabajo referido da fe de lo dicho: de las quince tumbas, o grupos de tumbas, mencionadas en él, solo cinco han sido excavadas parcialmente sin llegar a conocerse todo su contenido, pues todas, sin excepción, habían sido saqueadas; ninguna de ellas se ha datado de forma fiable, por lo que desconocemos la antigüedad de los yacimientos; y, por último, muchas de esas tumbas han desaparecido, destruidas total o parcialmente por obras o por labores agrícolas.

El ejemplo más claro de esa desaparición es el yacimiento llamado necrópolis del Molino las Pelegrinas, situado dos kilómetros al sur del poblado del Cerro de la Capellanía, en Periana. La necrópolis la constituyen varios dólmenes de diferente tamaño, de los cuales solo uno mantenía la cubierta completa. Con una longitud de cinco metros por uno de ancho, este enterramiento tenía todas las trazas de no haber sido violado, por lo que, si se hubiese investigado, se podrían haber encontrado restos muy interesantes en él, pero por desgracia eso es hoy en día imposible, ya que el yacimiento se encuentra sumergido bajo varios metros de agua en el centro del pantano de La Viñuela.

Otro ejemplo de lastimosa desaparición es el de otro dolmen que a los cutareños nos afecta directamente. Se trata de un enterramiento hallado en la ladera este de un pequeño cerro al lado del arroyo Pivi[6], a unos seiscientos metros al noroeste de la Peña de Hierro. Catalogado como dolmen del arroyo Pivi, fue datado parcialmente antes de que labores agrícolas lo «estropearan». Su destrucción fue total y definitiva cuando se realizó la canalización de aguas que va desde el río de la Cueva al pantano de La Viñuela. Por la toma de datos parcial que se realizó en su día sabemos que sus dimensiones eran de unos cuatro metros de largo por 1,5 de ancho, que no contaba con la cubierta y que estaba construido con ortostatos de varios tamaños, entre los que destacaba uno de 1,90 metros de largo por 0,65 de ancho. Estos datos, tomados en su día por los investigadores, son todo lo que queda del dolmen del arroyo Pivi.

Ese dolmen, perdido para siempre, es el único conocido en el término municipal de Cútar, pero eso no quiere decir que no existan más. Los enterramientos de este tipo abundaban en las cercanías de poblados prehistóricos estables, como muy bien nos informan en el trabajo antes citado, por lo que no es de extrañar que hubiese más hallazgos en un futuro o que ya los haya habido y se destruyeran sin que se dieran a conocer. Teniendo en cuenta que desde la Edad Media en adelante en toda esta zona se ha llevado a cabo una agricultura intensiva de secano y cerealista, alrededor de la Peña de Hierro sobre

---

6   Este arroyo, que aquí denominan Piví, supongo que será el conocido en casi todos los mapas como arroyo Pipi, que desagua en el arroyo de la Morra, que es el que atraviesa la canalización que va desde el río de la Cueva al pantano de La Viñuela.

todo, la roturación sufrida por el terreno para acondicionarlo a los cultivos fácilmente pudo provocar esa destrucción.

Para probar la existencia de hallazgos de tumbas siempre podemos recurrir a la tradición popular de la zona, pues es sabido que antaño se hablaba entre los lugareños de que había aparecido en tal o cual sitio la tumba de un **«moro»**. El descubridor o el dueño de la parcela se encargaban de «investigar» por su cuenta la tumba y de destruirla cuando no aparecía en ella la ansiada olla con el oro, pues los huesos y los restos que pudieran encontrarse en la tumba, si no iban acompañados del preciado metal, no tenían ningún interés para ellos.

Y estas noticias de hallazgos todavía se siguen produciendo: no hace muchos años, sobre 2004 creo recordar, me llegó el rumor de que habían avisado urgentemente al alcalde de la localidad porque, al parecer, al realizar un desmonte en el paraje llamado Monte de los Frailes se habían encontrado con una tumba, de la que hablaremos más adelante.

Volviendo a nuestro dolmen del arroyo Pivi, como se destruyó por completo sin haber sido posible realizar ninguna investigación en el lugar, no existen restos, ni cerámicos ni humanos (ni, por supuesto, la famosa olla del oro), que hubieran servido para datar cronológicamente el yacimiento, pero en lo que sí están de acuerdo los investigadores[III] es en que, por el tipo de construcción, nos encontraríamos ante un enterramiento colectivo de los que se vinieron realizando cerca de los poblados habitados entre los años 4000 y 2000 antes de nuestra era.

Las investigaciones de los arqueólogos Ángel Recio y Emilio Martín Córdoba (este último será nombrado continuamente en este trabajo) demuestran que en esta zona geográfica del corredor de Periana-Colmenar y cuenca alta del río Vélez existieron poblaciones estables, tanto en cuevas como al aire libre, desde el quinto milenio antes de Cristo, oponiéndose a la hipótesis tradicional que calificaba toda esta zona como de paso de tribus nómadas, que pastoreaban con sus rebaños o iban persiguiendo la caza que les proporcionaba su sustento. Aunque al principio los poblados serían pequeños asentamientos formados por cabañas hechas con materiales de poca durabilidad, esto cambiaría cuando asentamientos como el del Cerro de la Capellanía y el de la Peña de Hierro se convierten en poblados de importancia, desarrollando toda una sociedad, basada sobre todo en la agricultura del cereal y en la ganadería, que perduraría durante milenios.

El poblado de la Peña de Hierro

La Peña de Hierro es una formación calcárea que se eleva 447 metros sobre el nivel del mar y que está situada en el término municipal de Cútar, a 4.400 metros al norte de dicho municipio, en la zona denominada las Rozas. Al sur, donde alcanza su mayor altura, al este y al oeste presenta paredes muy abruptas, en algunos puntos casi verticales, con caídas de sesenta metros, en donde hoy en día se practica la escalada. Solamente la parte de la Peña dirigida al norte baja formando una ladera de suave pendiente, llena de olivos, que es el principal cultivo que se viene realizando desde hace mucho tiempo en la Peña y en los alrededores de esta. La situación de la Peña de Hierro le da el aspecto de una gran fortaleza natural, desde la que se domina visualmente todo su entorno.

Que la Peña de Hierro estuvo habitada en la antigüedad fue un secreto a voces, conocido por todos en la comarca, desde hace mucho tiempo. Los dueños de las parcelas situadas dentro y alrededor de la Peña, al realizar sus labores, se encontrarían continuamente con restos arqueológicos de todo tipo, de los cuales los más curiosos serían recogidos y mostrados a vecinos, amigos etc. Estos comentarían los hallazgos a otras personas, que a su vez hablarían con otras hasta que, al final, la noticia llegaría a alguien interesado en temas arqueológicos, que inmediatamente haría una visita al lugar para recoger por su cuenta los posibles tesoros del yacimiento. De esta forma, poco más o menos, tuvo que venir ocurriendo desde no se sabe cuándo, puesto que es segura la existencia de varias colecciones privadas compuestas por piezas sacadas de la Peña que, afortunadamente, han sido puestas a disposición de los investigadores. Frente a esas colecciones conocidas habrá muchas otras de las que nunca se tendrá noticia, en las que muy bien pudieran estar las piezas más valiosas e interesantes y que nunca se podrán investigar.

Partiendo de uno de esos rumores y por la posterior observación de una de esas colecciones por parte de un grupo de reputados arqueólogos, fue como el yacimiento de la Peña de Hierro se dio a conocer en el mundo «oficial» de la investigación arqueológica. Todo comenzó a mediados de 1974, cuando el señor Oswaldo Arteaga Matute[7] se encontraba visitando unas excavaciones de urgencia que María Eugenia Aubet[8] estaba realizando en Las Chorreras[9], cerca del Morro de Mezquitilla, en el yacimiento llamado Cerro y Mar, que se llevaron a cabo entre mayo y junio de ese año. Enterados por medio de José Hidalgo, vecino de Vélez y aficionado a la arqueología, de la existencia de una pequeña colección de materiales cerámicos y líticos que se hallaba en poder de unos jóvenes de Benamargosa que cursaban estudios en el instituto de Vélez, deciden conocer la citada colección y para tal fin se desplazan a esa localidad.

Llegan a Benamargosa el citado José Hidalgo, que ejerce de guía, María Eugenia Aubet, Oswaldo Arteaga y también los acompaña María Ángeles del Rincón[10]. Juntos son recibidos en una casa situada en la calle del Arroyo Limón por cuatro jóvenes que han recopilado las piezas en la Peña y que se las muestran a los eruditos, además de informarles de que existen más colecciones repartidas por diferentes pueblos de los alrededores y de que un lote importante de su propia colección fue entregado a una persona dedicada a la arqueología, que les prometió que elaboraría con las muestras un estudio sumario, sin que hasta ese momento se conozca el destino final de esas muestras ni se tengan pruebas de la existencia de ningún trabajo al respecto.

Dándose cuenta de la importancia de lo que tenían delante, el señor Arteaga y sus acompañantes deciden visitar el yacimiento para

---

[7]   Arqueólogo e investigador, director del Departamento de Prehistoria y Arqueología de la Universidad de Sevilla, donde fue titular de la cátedra de Prehistoria hasta su jubilación.

[8]   Arqueóloga e historiadora, catedrática de Prehistoria de la Universidad Pompeu Fabra.

[9]   María Eugenia Aubet: «Excavaciones en Las Chorreras, Mezquitilla (Málaga)». *Pyrenae: Revista de prehistòria i antiguitat de la Mediterrània Occidental,* n.º 10, 1974.

[10]   Profesora del Departamento de Prehistoria, Historia Antigua y Arqueología de la Universidad de Barcelona. En la actualidad es decana de la Facultad de Geografía e Historia en dicha universidad.

hacer un reconocimiento ocular del mismo, así que al día siguiente se personan en la Peña de Hierro. Fruto de esa visita es el trabajo que el señor Arteaga publica en el número 10 de la revista *Pyrenae[IV]*, en octubre de 1974, del cual les presento un resumen a continuación.

Un yacimiento eneolítico en la Peña de Hierro (Málaga)

En la corta visita que el señor Arteaga y sus acompañantes realizaron en la primavera de 1974 a la Peña de Hierro se llegó a una serie de conclusiones que, con el paso del tiempo y debido a posteriores investigaciones, se han visto confirmadas.

Tras comprobar la situación estratégica de la Peña, bien comunicada por medio de caminos naturales con la costa y con el interior, pasan a estudiar los posibles núcleos del yacimiento. En primer lugar, describen una pequeña gruta llamada Cueva de la Gotera. Se trata de una pequeña cavidad de unos diez metros de profundidad en la que observan que todo el suelo está removido por las continuas rebuscas que se vienen produciendo allí desde hace bastante tiempo. Aunque la cueva no reúne las condiciones apropiadas para dar cobijo a un gran número de personas, es aquí donde fueron recogidas muchas de las piezas mostradas en Benamargosa, entre ellas un idolillo de piedra:

> *«El idolillo de piedra.- Ha sido hecho utilizando una piedra con forma de hacha, de color gris, con una veta blanca, inclinada en su parte superior».*

Esta es la descripción que Arteaga hace de esta pieza[11], que se convierte en la base fundamental de su estudio. En aquellos años se conocían ídolos similares a este entre el Mediterráneo oriental y el Atlántico, siendo estudiadas en las provincias de Almería, Granada, Sevilla, Huelva y hasta en Canarias. Las piezas más parecidas al idolillo encontrado en la cueva de la Peña de Hierro son las halladas en la

---

[11]   En la actualidad el idolillo se expone en el Museo Arqueológico de Vélez (MVVEL).

Cueva de la Pastora, en la provincia de Valencia. La importancia de estas piezas, similares a la nuestra, radica en que ya habían sido datadas, apareciendo solamente en ambientes eneolíticos, por lo que su comparación sirvió a los arqueólogos como referencia para clasificar el idolillo de la Peña en el periodo de la prehistoria denominado Eneolítico (llamado también Calcolítico o Edad del Cobre), que se produjo en la Andalucía[V] oriental entre el 2800 y 1700 a. C.

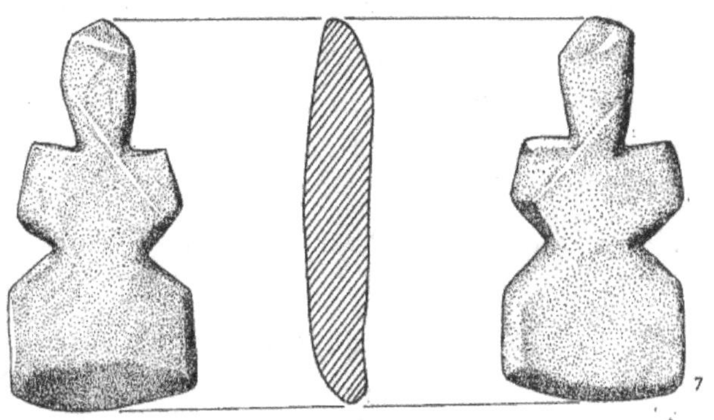

Idolillo de piedra encontrado en la Cueva de la Gotera
Un yacimiento eneolítico en Peña de Hierro (Málaga)

En esta visita se baraja por primera vez la existencia de un poblado en la parte superior de la Peña, aunque el señor Arteaga no se atreve a afirmarlo categóricamente sin haber realizado investigaciones más profundas que lo confirmen. Sin embargo, el hecho de que en la meseta superior se hayan recogido restos de cerámica, de útiles de sílex y restos de huesos les hace pensar que se encuentran en presencia de un poblado.

De lo que no duda el arqueólogo es de la existencia de una necrópolis. En un hueco entre dos enormes rocas encuentran huesos humanos, de por lo menos dos personas adultas, apilados junto a restos de cerámica abandonados allí por los violadores de la tumba que los contenía. También encuentran, en la ladera sudoeste, una pequeña cista formada por ortostatos hincados, que serviría para contener los restos de un niño. Observan pruebas aparentes de la existencia de más enterramientos, pero reconocen que sin una excavación a fondo no es posible confirmarlo.

Arteaga incluye en su trabajo la reproducción y descripción de una serie de materiales, cerámicos y líticos, recogidos *in situ* en su visita, pero sobre todo de los vistos en Benamargosa, advirtiendo de que incluye solamente aquellas piezas que, por sus características, se pueden considerar como eneolíticas, dejando fuera del estudio otras muchas piezas de más difícil catalogación. Él mismo sospecha que la edad del yacimiento se podría remontar hasta el Neolítico y dilatarse en el tiempo hasta ser contemporáneo de la cultura de El Argar[12], en plena Edad del Bronce, sospecha que se ha visto confirmada por estudios posteriores del yacimiento.

Materiales neoeneolíticos de la Peña de Hierro

También en ese mismo año, 1974, se publica otro trabajo en la revista *Jábega*[VI], firmado por Juan Antonio Leiva Rojano y Juan Fernández Ruiz, en el que se analiza una serie de materiales prehistóricos hallados en la Peña. A pesar de ser dos trabajos completamente independientes y sin relación alguna entre ellos, las circunstancias de cómo se llega a realizar esta investigación son casi idénticas a las del señor Arteaga. La única diferencia entre los dos trabajos se produce en las conclusiones a las que se llega en ellos, pues varían en cuanto a la datación del yacimiento.

Como en la anterior investigación, los autores del trabajo tienen noticia de este yacimiento por medio de un señor llamado José Luis Ranea en el verano de 1973. Este señor, además de mostrarles una importante colección de piezas de todo tipo recogidas en sus visitas a la Peña, los acompaña al yacimiento para que realicen sus propias

---

[12] El Argar es un importante yacimiento arqueológico situado en el municipio de Antas (Almería), que ha dado nombre a toda una época de la prehistoria andaluza. Se trata de un poblado de la Edad del Bronce que se asienta sobre una meseta con abruptas caídas de más de 35 metros sobre el río Antas, al sur y oeste; y sobre laderas más suaves en el resto, unas características muy similares al de la Peña de Hierro.

investigaciones. Estas consisten en la recogida de materiales en la zona de la ladera que baja suavemente en dirección norte por medio de simples prospecciones superficiales, pero sin llegar a excavar. A pesar del carácter superficial de la investigación, los autores del trabajo en seguida se dan cuenta de la importancia del yacimiento de cara al hallazgo de un poblado, pues aseguran que las condiciones del entorno son óptimas para tal asentamiento, por lo que esperan que se acometa en el futuro una excavación a fondo de la zona, una excavación que, 46 años después, todavía no se ha llevado a cabo.

Se hace constar en el artículo la presencia de dos cistas, una en la ladera norte y otra en la ladera suroeste. Poco tiempo después, en ese mismo año, Ana Baldomero Navarro y José E. Ferrer Palma[VII] se desplazan a la Peña para dibujar las cistas y documentarlas y proceden a la limpieza de la de la ladera norte, encontrándose con que la cista de la ladera suroeste había sido destruida en el breve espacio de tiempo que medió entre las dos visitas. Ana Baldomero y José E. Ferrer Palma aportaron el descubrimiento de una tercera cista, de mayor tamaño, a las ya conocidas.

Leiva Rojano y Fernández Ruiz afirman que lo encontrado en el yacimiento pertenece a un poblado de la Edad del Bronce pleno, dado que el material recuperado guarda mucha similitud con el hallado en el nivel II de las excavaciones realizadas en el poblado de Los Castillejos, en Montefrío (Granada), que se corresponde con esa datación. De hecho, una de las piezas más interesantes recogida por ellos en la Peña es un botón de hueso con una perforación en forma de V, que es casi idéntico a otro encontrado en dicho nivel II de la excavación de Montefrío, que se encuentra expuesto en el Museo Arqueológico de Granada.

Las diferencias en cuanto a la datación cronológica del poblado que se ven en las conclusiones de los dos trabajos anteriores son grandes: el primero sitúa el yacimiento en el Eneolítico (Calcolítico o Edad del Cobre), mientras que el segundo lo sitúa en el Bronce pleno. La diferencia entre las dos dataciones, como se puede ver, es notable, pero no contradictoria, sino todo lo contrario. Recordemos que el señor Arteaga en sus conclusiones expone la teoría de que el poblado podría ser mucho más antiguo, de época neolítica, y que se podría remontar hasta la Edad del Bronce, por lo que la datación de los señores Leiva Rojano y Fernández Ruiz no haría más que confirmar la teoría de la continuidad en el tiempo del poblado de la Peña de Hierro.

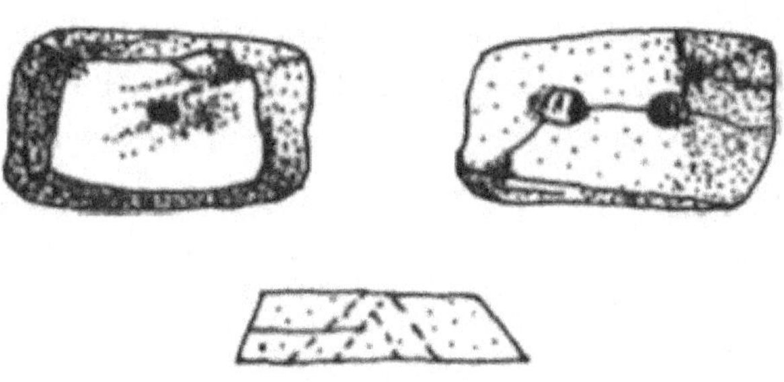

Reproducción del botón de hueso encontrado en la Peña de Hierro
(Materiales neoeneolíticos de la Peña de Hierro)

Un yacimiento prehistórico al aire libre

Conocedor de los anteriores trabajos, publicados ambos en 1974, Emilio Martín Córdoba[13] comienza en 1980 su investigación particular sobre la Peña de Hierro, que acabará siendo la base de su trabajo de fin de carrera. Un artículo resumen de ese trabajo se publica en la revista *Mainake*[VIII], siendo, posiblemente, el más extenso y mejor documentado de cuantos se han editado hasta la actualidad sobre este yacimiento.

A partir de una serie de prospecciones superficiales se confirma la existencia de las cistas enumeradas en los trabajos anteriores y del poblado en la zona alta de la Peña. Se confirma también la existencia de la Cueva de la Gotera, mencionada por Arteaga, pero además, en

---

[13]   Arqueólogo e investigador, en la actualidad director del MVVEL, el museo del Ayuntamiento de Vélez-Málaga.

las proximidades de la cueva y aprovechando una zona llana bajo el abrigo de las rocas que forman las paredes de la Peña, Martín Córdoba descubre indicios de lo que él califica como un *«hábitat al aire libre»*, donde encuentra gran cantidad de materiales característicos del Neolítico, además de realizar el hallazgo de un taller lítico, de unos 50 × 40 metros, en la ladera que se encuentra bajo los cortados del lado este de la Peña, en donde se pueden encontrar afloramientos naturales de sílex, principal material empleado en la elaboración de los útiles de piedra del mencionado taller.

Al analizar los materiales cerámicos encontrados en esta prospección Martín Córdoba clasifica los más antiguos como del Neolítico (cerámica a la almagra propia de esa época), encontrando también restos típicos del Calcolítico, con la presencia de cuencos parabólicos y de orzas de gran tamaño, con diámetro de boca que oscila entre 38 y 48 centímetros, un tipo de cerámica prehistórica que aparece desde el Calcolítico hasta la Edad del Bronce en todas sus etapas.

El inventario de útiles de piedra que se hallaron en el taller lítico y en el entorno de los dos poblados localizados en la Peña fue de 1.322 piezas; al clasificar los estilos de talla y los diferentes útiles encontrados el investigador llega a la conclusión de que se trabajó en este taller desde el Neolítico hasta el Bronce y durante toda la Edad del Cobre, pues al analizar los hallazgos se encuentran piezas que presentan rasgos típicos de cada una de esas épocas.

A pesar del carácter provisional de las investigaciones realizadas en la Peña de Hierro, todas basadas en la recogida superficial de materiales, la valoración que hace Martín Córdoba es categórica: se trata de un yacimiento de indiscutible importancia, puesto que se constata la existencia de un poblado estable en la Peña durante varios miles de años, abarcando etapas prehistóricas diferentes, desde el Neolítico medio, pasando por todas las fases del Calcolítico hasta la Edad del Bronce, hecho que se produce en muy pocos yacimientos andaluces y en ninguno de los conocidos en la provincia de Málaga.

Sin embargo, a pesar de que el poblado estuviese habitado en esas fases de la prehistoria conocida como Edad de los Metales, los rastros de utensilios metálicos encontrados en la Peña son casi inexistentes. Tan solo se conoce con seguridad un pequeño puñal, fracturado por la empuñadura, que nos presentó el arqueólogo Gran Aymerich[IX], que además informa de posibles hallazgos de hachas planas de bronce, un material que no pudo examinar. La explicación a esta escasez de objetos metálicos puede estar en el continuo expolio que ha sufrido el yacimiento debido al conocimiento digamos «público» que de él se tiene desde hace años, sufriendo la rebusca de sus tesoros por «arqueólogos» aficionados, como ya se ha visto anteriormente.

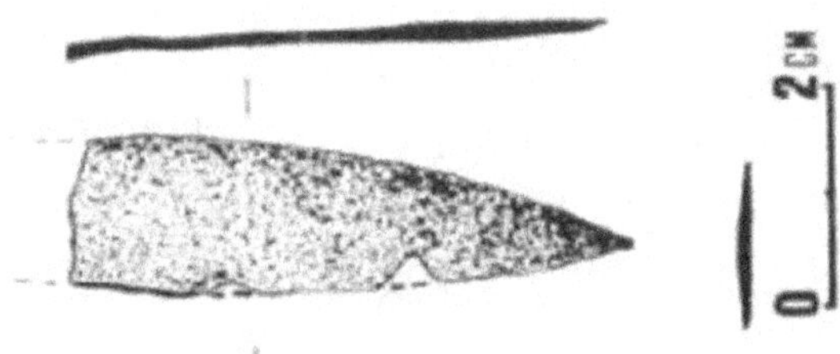

Reproducción del puñal sin empuñadura encontrado en la Peña de Hierro

Gran Aymerich: «Excavaciones arqueológicas en la región de Vélez-Málaga». Noticiario Arqueológico Hispánico, número 12, 1981

Cronología del poblado de la Peña de Hierro

El único yacimiento de la zona que ha sido excavado en el que existió un poblado de características similares al de Peña de Hierro es el del Cerro de la Capellanía, en Periana, por lo que nos guiaremos de su datación para aplicarla a nuestro poblado. La diferencia principal entre los dos está en que en el Cerro de la Capellanía se produjo el abandono del poblado en varias ocasiones a lo largo de su historia, mientras que la Peña parece ser que continuó habitada sin interrupción durante milenios.

La ocupación más antigua del Cerro de la Capellanía data del 3970 a. C.[X], pero como hay investigadores[XI] que consideran que la aparición del poblado de la Peña de Hierro se produjo varios cientos de años antes que la del Cerro de la Capellanía, podemos considerar que mucho antes del año 4000 antes de nuestra era la ocupación de la Peña estaba plenamente consolidada.

Es en el Calcolítico-Edad del Bronce cuando Peña de Hierro toma la mayor importancia. Entre el 3000 y el 2000 a. C., debido a su situación estratégica dominando toda la cuenca alta del río Vélez, se cree que se convierte en el poblado de mayor tamaño de los existentes en la comarca, dominando social y económicamente a todos los poblados de las cercanías[XII]. Esta situación de dominio no se sabe el tiempo que dura, pero está claro que hacia el 1500 a. C., cuando el Cerro de la Capellanía se abandona de nuevo, el poblado más importante de la zona sigue siendo Peña de Hierro, compitiendo por la hegemonía comarcal con los del Cerro de la Negreta, en Alcaucín; y Puerto de la Mina, en Alfarnatejo, poblados que surgen entre el 2000 y el 1500 a. C. Dos siglos más tarde, hacia el 1300 a. C., parece que se produje el abandono de todos estos grandes poblados de la zona alta del río Vélez, sin conocerse hasta el momento los motivos que pudieron provocar tal abandono.

Teniendo en cuenta lo expuesto anteriormente, se puede afirmar que la Peña de Hierro estuvo habitada de forma estable desde antes del 4000 al 1300 antes de nuestra era o, para entendernos mejor, se puede decir que hace más de 6.000 años allí arriba existió un poblado.

Aunque ciertamente en todos estos datos se echa en falta algo primordial: el hecho de no haberse producido hasta la actualidad ninguna actuación arqueológica en la Peña de Hierro coloca a todas las conclusiones anteriores en el mundo de la hipótesis, pues si bien es cierto que las valoraciones que se hacen en los distintos trabajos existentes sobre la Peña, realizados por arqueólogos del más aceptado prestigio, sitúan al yacimiento como de gran importancia para el conocimiento de la prehistoria de la región, todas se basan en la observación de los restos encontrados en prospecciones superficiales y la posterior comparación con otros restos conocidos de yacimientos excavados y datados cronológicamente. Solo la realización de una investigación a fondo en el yacimiento, con una excavación en profundidad de los distintos estratos, puede confirmar o desmentir la importancia de este y la continuidad en el tiempo de su ocupación.

De la prehistoria al mundo romano y medieval

La «civilización» local que se desarrolló en la Peña de Hierro finalizó, seguramente, a la par que fenicios y griegos comenzaron a colonizar las costas malagueñas. Sin embargo, a pesar de la desaparición de este poblado y de otros enclaves humanos de la comarca, la ocupación del interior de la Axarquía por los pueblos indígenas, los llamados íberos, continuó produciéndose de forma intensa en la ya conocida franja del corredor Periana-Colmenar, en cuyas tierras relativamente llanas se fundan poblados nuevos o se heredan de los pobladores prehistóricos asentamientos como Cerro de la Capellanía, en Periana, que después de ser abandonado durante siglos vuelve a habitarse.

Estos poblados íberos del interior mantienen con la costa, en donde se establecen griegos y fenicios, ciertos contactos comerciales, pero no se ven tan influenciados por la cultura fenicia como, por ejemplo, los de Cerca Niebla y Fortaleza de Vélez, asentamientos indígenas que, por su cercanía a la costa, estuvieron en contacto permanente con los fenicios. En el interior los íberos desarrollan su propia «cultura» indígena organizándose en poblados, fortificados en algunos casos e independientes entre sí, llamados **oppidum,** que casi pueden calificarse como pequeñas ciudades-estado con una jerarquía social propia. Por desgracia, estos *oppidum* del interior de la Axarquía poco se han estudiado, pues, como nos dice Ángel Recio Ruiz[XIII], considerado como uno de los mejores conocedores del mundo íbero andaluz, los estudios arqueológicos sobre las sociedades indígenas en estas tierras siempre se han acometido como un complemento a la colonización fenicia y nunca como estudio de una civilización concreta y única, por lo que los pueblos íberos siempre han quedado en segundo plano frente al protagonismo de los fenicios y, posteriormente, de los romanos.

Tal y como ocurrió en el resto de la península, aquí, en la comarca axárquica[XIV], las culturas locales de los íberos que habitaban en el interior y los de ascendencia fenicia que poblaban toda la costa después de las famosas **guerras púnicas** se fueron difuminando hasta desaparecer, dando paso a la civilización romana doscientos años antes de nuestra era. La asimilación de lo romano fue tan profunda en nuestra tierra que sobre el 29 a. C. Estrabón, en el volumen III de su *Geografía,* al hablar de la **Baetica,** provincia romana de la que formaba parte la actual comarca de la Axarquía, decía que aquí todos hablaban latín y que **«poco les faltaba para hacerse romanos»**.

En las proximidades de la localidad cutareña también debió de producirse la influencia de la civilización romana aunque no se conozcan pruebas de ello. Tan solo contamos con una noticia, un tanto ambigua, que apareció en algunos folletos de información turística e histórica del municipio, en los que nos decían que se habían encontrado monedas romanas en el arroyo del Paumé, pero al no hallarse disponible mucha más información poco se puede hablar al respecto.

Es por la zona de las Rozas, en el término municipal de Cútar y alrededores, donde se produjo esta romanización de forma más intensa, como así lo prueban los asentamientos iberorromanos ubicados en las cercanías del río de la Cueva-Benamargosa.

Gracias a prospecciones de superficie[XV] se conocen numerosos yacimientos repartidos por el interior de esa zona de la Axarquía, cuya existencia abarca una amplia cronología, desde el ibérico antiguo (siglo VII a. C.) hasta la época iberorromana. En el ámbito territorial más cercano a Cútar tenemos ejemplos de esa ocupación con los yacimientos más antiguos localizados en el valle de Auta (Riogordo) y en la Ermita del Conejo (enclave de El Borge en las Rozas). En las excavaciones realizadas en el Cerro de la Capellanía se encuentran pruebas de ocupación de época iberorromana, siglos III a I a. C., y de esa misma época son los pequeños *oppida* localizados en el río Benamargosa (dentro del término municipal de Comares), en La Herreriza (enclave de El Borge en las Rozas) y, por último, en el Tajo del Monje.

El Tajo del Monje se encuentra enclavado en el pago del Monte de los Frailes, a caballo entre los términos municipales de Comares y Cútar. Se trata de una elevación de roca caliza que forma una pequeña meseta en la que se pueden encontrar restos de muros pertenecientes a algún tipo de fortificación, que pertenecerían en sus inicios a un poblado íbero[XVI]. Las prospecciones realizadas en este lugar ponen de manifiesto que la ocupación del poblado se extendería hasta época romana y posiblemente llegaría hasta la Edad Media, cuando ya se había producido la ocupación musulmana[XVII]. Existen noticias de la presencia en la meseta de una sima de dimensiones desconocidas, a la que se accedería por medio de unos escalones excavados en la roca, pero que en la actualidad está enterrada. Este dato, unido al mismo nombre del lugar (Tajo del Monje y Monte de los Frailes), puede inducir a pensar que allí pudo existir una pequeña comunidad monástica o un eremitorio medieval cristiano con algún elemento rupestre. Si tenemos en cuenta el hallazgo en el año 2005 de un enterramiento en el mismo Monte de los Frailes se puede consolidar esta hipótesis: recordemos que al realizar labores agrícolas en la ladera este del monte, perteneciente al término municipal de Cútar, se descubrió una tumba que fue estudiada de urgencia, registrada y catalogada como enterramiento medieval cristiano, siendo posteriormente soterrada[14].

Podemos comparar la ocupación histórica del Tajo del Monje con otro enclave que se encuentra en las proximidades: el yacimiento del cortijo de Auta, en Riogordo. En Auta se han excavado los restos de una villa romana y se han localizado pruebas de que existió un centro de población mozárabe[XVIII] con una pequeña comunidad de monjes. Los hallazgos de una necrópolis con tumbas excavadas en la roca, posiblemente del siglo X, y varias cuevas de ermitaños de los siglos IX y X así lo atestiguan.

---

[14]   Los datos que puedo aportar a esta noticia los he obtenido directamente de las autoridades municipales que estuvieron *in situ* inspeccionando el lugar del hallazgo. Es de suponer que esta actuación quedó reflejada en algún documento oficial, aunque desconozco su posible localización.

Nota final: y la historia se repite

Tengo, y agradecido estoy por ello, amigos y conocidos que saben de mi afición por coleccionar antigüedades o, mejor dicho, por guardar todo trasto viejo que cae en mis manos. Muchas de esas personas cuando encuentran cualquier cosa rara o antigua me la traen a mi casa, por lo que, entre las cosas que me traen y las que yo rebusco por mi cuenta, poseo una colección de cachivaches algo respetable por numerosa, pero de escaso valor material. Hace algún tiempo la historia se volvió a repetir y uno de mis amigos apareció un día en mi casa con uno de esos cachivaches: una vasija de barro rojo, con forma de pera, que proclamaba a los cuatro vientos su antigüedad.

José Manuel Lozano García, así se llama mi amigo, trabaja en la Mancomunidad de Municipios de la Axarquía y se dedica a arreglar caminos y carriles en los municipios que están «apuntados» en dicho organismo. Según me contó, estando un día arreglando con su niveladora el carril de tierra que desde la Loma León llega hasta los mismos cortados de la cara sur de la Peña de Hierro, en una zona que se conoce como los Coloraos (el color de la tierra le da el nombre), un objeto que se encontraba al borde del camino llamó su atención. Paró la máquina y recogió el objeto, que resultó ser la vasija que tiempo después me entregó.

He guardado ese objeto algún tiempo sin darle la menor importancia, un cachivache más de mi colección de cachivaches, pero al «investigar» la prehistoria de la Peña de Hierro me he dado cuenta de la importancia de lo que tenía en mi casa.

Posiblemente un objeto del Neolítico.

Posiblemente elaborado según la técnica llamada **cerámica a la almagra,** representativa de esa era prehistórica en Andalucía.

Posiblemente con 5.000 años de antigüedad.

Por lo tanto, y no posiblemente, sino con toda seguridad, se trata de un auténtico tesoro arqueológico que debe ser estudiado y expuesto en un museo.

A la vez que escribo estas líneas ya están avisadas las autoridades de la existencia de ese tesoro y solamente queda que su estudio aporte algo nuevo sobre el yacimiento. Creo que ha llegado la hora de embarcarse en lo que tantos estudiosos reclaman desde hace tiempo: una excavación seria en la Peña, pues a pesar del expolio, voluntario o involuntario, que ha sufrido a lo largo de los años, en la Peña de Hierro aún quedan tesoros por encontrar..

Notas y referencias bibliográficas empleadas en este cuaderno

[I] M. Pellicer Catalán. «Las culturas del Neolítico-Calcolítico en Andalucía oriental». Revista *Espacio, Tiempo y Forma,* serie I, Prehistoria y Arqueología, tomo 8, 1995.

[II] Emilio Martín Córdoba y Ángel Recio Ruiz. «El fenómeno megalítico en el área oriental de Málaga». Revista *Mainake* XXI-XXII, 1999-2000.

[III] *Ibidem.*

[IV] Oswaldo Arteaga Matute. «Un yacimiento eneolítico en Peña de Hierro (Málaga)». *Pyrenae: Revista de prehistòria i antiguitat de la Mediterrània Occidental,* n.º 10, 1974.

[V] M. Pellicer Catalán. «Las culturas del Neolítico-Calcolítico en Andalucía oriental». Revista *Espacio, Tiempo y Forma,* serie I, Prehistoria y Arqueología, tomo 8, 1995.

[VI] J. A. Leiva Rojano y Juan Ruiz. «Materiales neoeneolíticos de la Peña de Hierro». Revista *Jábega,* n.º 5, 1974.

[VII] Ana Baldomero Navarro y José E. Ferrer Palma. «Las necrópolis en cistas de la provincia de Málaga».

[VIII] Emilio Martín Córdoba. «Peña de Hierro: un yacimiento prehistórico al aire libre». Revista *Mainake,* números 6 y 7, 1984.

[IX] Gran Aymerich. «Excavaciones arqueológicas en la región de Vélez-Málaga». *Noticiario Arqueológico Hispánico,* número 12, 1981.

[X] Emilio Martín Córdoba. *Historia de la Axarquía.* Centro de Desarrollo Rural de la Axarquía (CEDER Axarquía), 2007. Esta datación corresponde al Neolítico medio según los parámetros de la arqueología tradicional.

[XI] M. Pellicer Catalán. «Las culturas del Neolítico-Calcolítico en Andalucía oriental». Revista *Espacio, Tiempo y Forma,* serie I, Prehistoria y Arqueología, tomo 8, 1995.

[XII] Emilio Martín Córdoba. *Historia de la Axarquía.* Centro de Desarrollo Rural de la Axarquía (CEDER Axarquía), 2007, p. 19.

[XIII] Ángel Recio Ruiz. «Formaciones sociales ibéricas en Málaga». Revista *Mainake* XXIV, 2002.

[XIV] Juan Antonio Chavarría Vargas. *Contribución al estudio de la toponimia latino-mozárabe de la Axarquía de Málaga.* CEDMA, Colección Monografías n.º 11, 1997.

[XV] Ángel Recio Ruiz. *Formaciones sociales ibéricas en Málaga.*

[XVI] *Ibidem.*

[XVII] Francisco Melero García, Andrés Fernández Martín, José Alberto Fernández Requena. *Carta arqueológica de Comares.* Archivo de la Delegación Provincial de la Consejería de Cultura de Málaga.

[XVIII] Manuel Riu Riu. «Marmuyas, sede de una población mozárabe en los Montes de Málaga». Revista *Mainake* II y III, 1980-1981.

CUADERNO 2º

EL *HINS* AQÙT

Introducción

Desde hace años tenemos la certeza, aceptada por historiadores de renombre[15], de que en lo más alto del Cerro de Cútar existió en época medieval algún tipo de edificación defensiva, un castillo, que bien pudiera ser el mismo que se registra en las antiguas fuentes escritas en árabe con el nombre de *hins*[16] **Aqùt.**

Y digo que **pudiera ser** porque no tenemos ninguna prueba fehaciente de que el *hins* Aqùt que aparece en dichas fuentes sea el mismo que existió en el Cerro de Cútar, aunque, en contrapartida, tampoco existen pruebas que nieguen tal posibilidad. En este caso, como en muchos otros, todo depende de la interpretación personal que cada uno de los historiadores que han tocado el tema, con más o menos profundidad, le haya querido dar en sus trabajos.

Ciertamente se desconocen las características (tamaño, tipo de construcción, importancia…) que pudo tener en su día ese castillo, pues hasta el momento no se ha llevado a cabo ninguna prospección ni estudio arqueológico que pueda informarnos de lo que hubo allá arriba y, por desgracia, parece ser que pocas esperanzas hay de que estos estudios se realicen.

La arqueología oficial se está limitando últimamente a realizar actuaciones de urgencia en yacimientos en serio peligro de desaparecer, o bien trabajos de consolidación en yacimientos de importancia ya conocidos. La forma más común de actuar es la que se llevó a cabo en la tumba del Monte de los Frailes que mencionamos en el cuaderno anterior: ante una posible destrucción del yacimiento se hace un rápido estudio, se cataloga y se entierra el hallazgo para así

---

[15]   Vallvé Bermejo, Manuel Riu, Gozalbes Cravioto, Acién Almansa, Martínez Enamorado… Todos ellos han mencionado, en algunos de sus trabajos, la existencia de un castillo en el Cerro de Cútar.

[16]   *Hins* o su plural, *husum,* es la palabra en árabe que designaba en al-Ándalus un castillo o fortificación.

conservarlo mejor, a no ser, claro está, que el descubrimiento sea de gran importancia. Pienso que es labor de las autoridades de cada municipio la realización de un catálogo de todos los puntos de interés histórico que puedan encontrarse en su término, consultando para ello todas las fuentes posibles de las que se pueda obtener información, desde trabajos académicos hasta consultas a especialistas, arqueólogos e historiadores y, por supuesto, contar con la información que sobre esos sitios singulares puedan proporcionar los mismos lugareños, que son, en definitiva, quienes mejor conocen los secretos de su tierra.

Uno de los pocos trabajos de la Administración local, que yo conozca, que incluyen datos arqueológicos del municipio es el borrador del Plan General de Ordenación Urbana (PGOU) de Cútar, que se encuentra en trámites de aprobación. En ese borrador se incluye un listado de los puntos arqueológicos de interés que se encuentran dentro del término municipal de Cútar. Si lo ojeamos vemos que los técnicos redactores del proyecto no incluyen a este yacimiento del Cerro en esa lista que, como se indica en el citado borrador, es la base para la creación en el futuro de la carta arqueológica de Cútar y el paso inicial para la inclusión en el Catálogo del Patrimonio Histórico de Andalucía de todos o algunos de esos yacimientos. Sin embargo, el hecho de que se haya pasado por alto la inclusión del yacimiento del Cerro de Cútar en esta nómina no le quita mérito ni importancia a este lugar, que posiblemente fuera, fíjense ustedes, quien le dio nombre al municipio.

¿Queda algo del hins Aqùt?

Repetimos: como, por desgracia, hasta el momento presente no se han realizado actuaciones arqueológicas ni prospecciones que confirmen la existencia del castillo, intentaré aquí hacer una descripción de lo que se puede observar en la cima del Cerro de Cútar, contrastando esas observaciones con los hallazgos probados y conocidos de otros *hins* ubicados en los Montes de Málaga, para de esa forma afirmar la idea de la existencia en el pasado del *hins* Aqùt.

El Cerro de Cútar es un monte típico dentro de la orografía de la Axarquía. Con 595 metros de altura, su parte final tiene forma piramidal, con cuatro laderas muy bien definidas que están encaradas casi perfectamente hacia los cuatro puntos cardinales. Las laderas norte, este y sur presentan unas pendientes muy pronunciadas, llegando al 52 %, mientras que la orientada al oeste es muy suave, con un desnivel cerca de la cumbre de entre un 10 y un 15 %.

La situación del Cerro, en el centro de una especie de anfiteatro rodeado de montañas pero abierto al mar por oriente, lo convierte en un lugar estratégico de primer orden, puesto que desde su cumbre se dominan visualmente todas las tierras circundantes: si miramos hacia el norte tenemos, en la misma falda del Cerro, al pueblo de Cútar, mientras que a lo lejos divisamos la cadena montañosa que forman las sierras de Alhama y las de Tejeda y Almijara, además de las tierras llanas del corredor Periana-Colmenar con la vigilante Peña de Hierro en el centro; Periana, Alcaucín y Canillas de Aceituno se divisan perfectamente desde allí arriba; al este y al sur se domina toda la cuenca del río Vélez, con el Mediterráneo de fondo, y los pueblos de Benamargosa, Vélez-Málaga, Torre del Mar, Benamocarra, Iznate, Almáchar y El Borge. Incluso en días claros es posible divisar toda la línea de costa hasta Nerja. Por último, hacia el oeste tenemos una extraordinaria visión de las tres cimas donde se ubicaron los castillos de origen medieval más importantes de entre los que poblaron los Montes de Málaga, los de Comares, Mazmúllar y Santón Pitar.

Lo primero que encontramos al ascender a este monte, al Cerro de Cútar, son restos que denotan que allí arriba hubo algún tipo de construcción, que el paso del tiempo o la mano del hombre acabó por destruir. Fragmentos de cerámica de todo tipo y tamaño se encuentran esparcidos por todas partes a flor de tierra; allí se pueden encontrar desde trozos de tejas y ladrillos a otros que sin duda pertenecieron al ajuar cerámico doméstico: orzas, cántaros, platos, lebrillos… Restos de utensilios fácilmente identificables por ser muy comunes en esta comarca desde siempre y que aún hoy se siguen utilizando en muchos hogares. Pero lo que más llama la atención son los amontonamientos de piedras que se encuentran en la cima, que no tendrían ningún sentido si no hubieran pertenecido a alguna edificación, puesto que en el sitio en el que se ubican no tienen ninguna utilidad para nadie, por lo que pienso que ningún laborioso labrador perdería su tiempo en acumular allí tal cantidad de piedras.

A unos diez metros de la cima en dirección norte, justo en la linde entre un erial formado por matorrales, un grupo de encinas y una parcela de viña, en la que posiblemente sea la zona más empinada del monte, tenemos el que llamaré primer amontonamiento. La base del amontonamiento se inicia en la viña, desde donde se eleva formando un semicírculo de unos cuatro metros de diámetro, extendiéndose unos seis metros ladera arriba y llegando a alcanzar dos metros de altura. ¿Los restos de una torre derruida? Desde ese primer montón sale en dirección sur una especie de vallado de piedra o murete medio derruido, que después de pasar por la cima se extiende unos veinte metros hasta torcer ligeramente a la derecha para continuar bajando otros veinte metros siguiendo el vértice que forman las laderas sur y oeste y, torciendo de nuevo a la derecha, seguir casi en línea recta otros treinta más hasta encontrarse con el corte que la construcción de un carril de tierra, de cuatro metros de ancho, produce en la continuidad del murete.

Al otro lado del carril el muro se extiende unos metros más. Allí han crecido unas encinas en mitad de las piedras, esparciéndolas y aumentando de forma considerable su anchura; pasadas las encinas, tuerce el muro bruscamente a la izquierda y se encuentra de nuevo cortado por el carril, al otro lado del cual nos encontramos con una elevación natural de la propia montaña, coronada por un gran promontorio de piedras en el que viene a desembocar el murete. Son más de cien metros de longitud los que se extiende el vallado o murete del que hablamos, con una media de dos metros de ancho (en sitios concretos más de tres) y más de un metro de altura, interrumpido solamente por la construcción del carril de tierra ya mencionado. Lo único que se me ocurre para explicar la existencia de este antiguo muro en lo alto de un monte donde, repito, no ofrece utilidad alguna es que formara parte de alguna construcción, hipótesis que se refuerza con la presencia de pequeños lienzos de mampostería careada de calidad, visibles en algunas zonas.

Los amontonamientos anteriormente descritos son los más destacados, pero no son los únicos: en la cara oeste del monte, ocupada por almendros y un olivar antiguo que se extiende ladera abajo, se pueden ver tres construcciones de lo que en la zona llamamos **majanos,** de entre cinco y diez metros de longitud y un metro de altura cada uno y situados a una distancia aproximada de la cima de treinta metros. Aunque están separados entre sí, estos tres majanos se extienden atravesando el olivar formando una línea recta discontinua, casi perpendicular al murete antes descrito, durante unos ochenta metros.

La existencia de majanos en los campos de la comarca de la Axarquía no es extraña, puesto que siempre se han utilizado para la creación de terrazas, facilitando así el cultivo en zonas de pendiente muy pronunciada. Lo extraño en este caso es que los majanos se encuentran en la ladera oeste, que, como ya se dijo, es la más suave del monte (en el lugar donde se encuentran la pendiente oscila entre un 10 y un 25 % de desnivel), por lo que la creación de terrazas por medio de majanos en esta zona no se explica. Observando, además, la calidad de la mampostería que está a la vista en ellos y la línea recta que presentan a pesar de estar separados, pienso que podrían formar parte de un muro que, unido al anterior, actuaría como cerramiento en esta zona del monte.

Al final de la línea marcada por estos majanos se encuentra otro amontonamiento de piedras, más pequeño que los anteriores, situado casi en el vértice de las laderas oeste y norte. Desde este punto, subiendo hasta la cima y buscando el comienzo del primer amontonamiento de piedras, se extiende el erial antes mencionado, poblado con encinas, por cuyo borde discurre el antiguo camino que sube desde Cútar a la cima del Cerro, camino que se encuentra casi impracticable en la actualidad. Aunque en esta zona no se aprecian amontonamientos importantes de piedras, sí es cierto que todo el camino está jalonado por gran cantidad de estas, marcando perfectamente su trazado.

Recapitulando sobre lo descrito anteriormente, nos encontramos con unos restos de lo que pudieron ser muros que, comenzando desde un gran montón de piedras (¿posible torreón?) que se encuentra prácticamente en la cima del monte, parten en dirección sur y, torciendo repetidamente hacia la derecha, discurren por el vértice oeste-sur del Cerro. Este muro, después de extenderse cien metros, llega hasta otro amontonamiento mayor que el anterior (¿otro torreón?), situado en una elevación del terreno. En un punto intermedio el muro es cortado por una línea perpendicular formada por tres majanos de piedra separados pero consecutivos (¿restos de otro muro?), al final de cuya línea se encuentra otro gran montón de piedras casi en el vértice oeste-norte del monte, al lado del cual pasa el camino que sube a la cima, que está rodeado por piedras hasta su final. Uniendo todas estas líneas obtendríamos un posible recinto amurallado de unos 1.000 m², con una posible torre fuera del recinto, pero unida a este por un muro.

La composición propuesta en el párrafo anterior de lo que pudo ser el *hins* del Cerro de Cútar tiene mucha similitud con la que Carlos Gozalbes Cravioto hace del *husun* de Santón Pitar[I] y con la descripción que aparece en el Catálogo de Protección Arqueológica de Málaga del *husun* de Jotrón[II], fortalezas quizá más grandes, pero que comparten elementos similares. Obsérvese la acertada elección del lugar para asentar el castillo: tres de las laderas de acceso al *hins* muy empinadas, lo que facilitaba su defensa, y la cuarta casi plana, reforzada con murallas y apta para construir las viviendas necesarias para la vida de una pequeña comunidad, con tierras cultivables alrededor, los pastos necesarios para mantener rebaños de todo tipo y el agua asegurada con la presencia a unos escasos trescientos metros de la fuente llamada *aina* **Yznacútar**, de la que hablaremos más adelante.

Además, la situación estratégica del Cerro pudo facilitar que el *hins* sirviera de vigía, poniendo sobre aviso a estos castillos más importantes que mencionamos antes de la aproximación de enemigos por la zona oriental, no controlada visualmente por ellos.

Pero dejando atrás las especulaciones sobre la posible composición del castillo, solo demostrable con la acción de la arqueología, continúo repasando los materiales que se pueden encontrar allí arriba.

La abundancia o no de restos cerámicos es una baza importante para los arqueólogos a la hora de justificar o probar la presencia humana en cualquier yacimiento, pudiendo servir de referencia para datar los yacimientos cronológicamente. Como ya se ha dicho, en el Cerro de Cútar podemos encontrar materiales cerámicos en abundancia en todas las laderas del monte, en las cuales es muy fácil la recogida de restos en superficie. En numerosas visitas he recopilado una pequeña colección de esos restos cerámicos, de los que describiré las piezas que considero más curiosas e interesantes e intentaré compararlas con las encontradas en la Mesa de Mazmúllar, sitio muy especial por el trasfondo histórico que arrastra tras de sí.

Mazmúllar o Marmuyas es casi el único *husun* de la zona de los Montes de la Axarquía que ha sido objeto de varias campañas de excavaciones. El interés por esta fortaleza enclavada en lo alto de la meseta llamada Mesa de Mazmúllar, situada a unos dos kilómetros de Comares, se remonta a principios del siglo XX, cuando se dio a conocer el aljibe que allí se encuentra por medio de un artículo firmado por Amador de los Ríos[III], comisionado por el Ministerio de Instrucción Pública y Bellas Artes en la provincia de Málaga. Años más tarde, en 1931, este mismo aljibe fue declarado monumento histórico-artístico por el Gobierno provisional de la República[IV], pero es a partir de la década de los 70 cuando la Mesa de Mazmúllar cobra auténtico protagonismo.

Los profesores Manuel Riu y Joaquín Vallvé, reputados historiadores y arqueólogos, sostuvieron durante años la teoría de que Bobastro, la fortaleza desde la que Umar ibn Hafsún desafió durante cincuenta años el poder de los emires de Córdoba, estaba situada en Mazmúllar. Esta idea, en clara oposición a la tradición histórica que sitúa Bobastro en los altos de las Mesas de Villaverde, en El Chorro, suscitó durante años una gran discusión en el mundo académico[17] protagonizada por partidarios de una y otra teoría. Esta controversia, extremadamente complicada para este modesto trabajo, parece que quedó finalizada por la desaparición del principal defensor de situar Bobastro en Mazmúllar, el doctor Vallvé, pero lo realmente importante es que a raíz de la teoría de Vallvé y Riu este último dirigió desde el año 1976 tres campañas de excavaciones en la Mesa de Mazmúllar que nos descubrieron cómo fueron la fortaleza y la ciudadela allí enclavadas.

De la primera campaña Manuel Riu presenta un completo resumen en la revista *Mainake*[V], en el que, aparte de describir los restos de edificaciones, silos, tumbas y el conocido aljibe antes mencionado, nos enumera los numerosos restos de cerámica hallados en la meseta de Mazmúllar, que nos sirven aquí para establecer un punto de comparación con los que se encuentran repartidos por todas partes a poco que se ascienda al Cerro de Cútar.

En la excavación de Mazmúllar se encontraron materiales de construcción cerámicos, sobre todo ladrillos y tejas de diverso tamaño que, por la descripción hecha por el Sr. Riu, son similares a las que se pueden encontrar en las laderas del Cerro, sobre todo en las orientadas al este y oeste, ocupadas por cultivos de viñas y olivos respectivamente, donde abundan en la superficie innumerables trozos de teja curva de entre uno y dos centímetros de grosor, desgraciadamente muy fraccionadas, por lo que no es posible determinar su tamaño original. No obstante, en mi poder tengo dos trozos de teja recogidos en la superficie de la ladera sur y a partir de estos trozos un experto creo que podría determinar el tamaño del material allí utilizado. También en el Cerro es posible encontrar restos de ladrillos planos, de dos a tres centímetros de grosor, aunque abundan menos que los restos de tejas.

---

[17]   Ver el trabajo de Joaquín Vallvé *Omar ben Hafsún, rey de Marmullas (Comares)*, publicado en el Boletín de la Real Academia de la Historia, tomo CCI, n.º 2, año 2004, en el que se da un profundo repaso a toda esta controversia.

En cuanto a la cerámica de uso cotidiano, también es posible encontrar restos de recipientes de diferentes formas y tamaños, reconocibles a pesar de estar muy fraccionados por la acción continua, a lo largo de siglos, de la erosión y de las labores agrícolas. En mis visitas al Cerro he logrado recuperar numerosas piezas muy interesantes, entre las que destacan tres trozos de tinajas u orzas. El más grande perteneció sin duda a una tinaja de gran tamaño: la pieza tiene forma romboide, con unos 30 × 40 centímetros de lado y tres de grueso, y conserva parte de la boca del recipiente, de forma redondeada. Está hecha con arcilla roja de mala cochura, presentando en el corte pequeños trozos de pizarra, y no tiene adornos ni restos de barnices ni ningún tipo de vidriado. Otros dos trozos de menor tamaño, pertenecientes también a grandes tinajas, presentan unas interesantes molduras con adornos oblicuos hechos a presión. La arcilla es más fina que la del primer recipiente y en el acabado tampoco se observa la presencia de barnices ni vidriado.

También conservo lo que parecen ser los restos de dos tapaderas de tinajas. Una de ellas es redonda, hecha con barro mucho más rojo que las demás piezas de mi «colección». Presenta una moldura en el borde muy similar a la de las tinajas antes descritas; por el arco de circunferencia que describe, se le puede calcular un radio de unos treinta centímetros, por lo que serviría para tapar un recipiente de gran tamaño. La otra tapadera debió de ser hexagonal por la forma angular de la pieza. Presenta unos adornos lineales y escalonados por el borde, donde se presenta con más grosor.

Otras piezas que no sé cómo calificar son tres trozos de barro cocido de más de doce centímetros de grueso, con forma de paralelepípedo, el más grande de ellos con unos 15 × 20 centímetros de lado. Estas tres piezas presentan en una cara una clara calcinación, resultado de haber hecho fuego en su superficie. Yo las llamo suelo de horno, aunque podrían ser cualquier cosa.

Estas son las piezas más interesantes, pero guardo unos treinta trozos cerámicos que son reconocibles como de ajuar doméstico. En general, casi todas las piezas recuperadas en el Cerro son de barro rojo algo basto, muy similares a las que se hallaron en las excavaciones de la Mesa de Mazmúllar y que el Sr. Riu describió y dató entre los siglos IX y XI.

Todos estos fragmentos cerámicos son también similares a los que se pueden encontrar en el monte de Santón Pitar, donde estuvo ubicado el castillo de Sant Bytar. Gozalbes Cravioto[VI] identifica los restos allí encontrados con la cerámica común llamada de «torno lento», atribuida a la población indígena, de origen hispano, que habitaba la zona antes del siglo XI. Ni en Santón Pitar ni en el Cerro de Cútar se encuentran fragmentos cerámicos con barnices ni vidriados del tipo verde manganeso, comunes a la época califal, por lo que podemos considerar los restos de ambos yacimientos como contemporáneos y anteriores al siglo XI.

Para confirmar estas dataciones, decir que las piezas descritas y otras menos llamativas fueron mostradas a dos arqueólogos en el año 2005, los cuales situaron cronológicamente las muestras entre los siglos IX y X, basándose en la composición material y en los adornos visibles en la cerámica, que encajan perfectamente en el estilo típico de la cerámica «pobre», de torno lento, de aquella época.

Quiero dejar claro que todos los restos cerámicos que están en mi poder se han recogido en la superficie del terreno, con el único objetivo de salvaguardarlos de una segura destrucción, y que desde aquí los pongo a disposición de cualquier erudito que quiera tomarse la molestia de estudiarlos, proponiendo asimismo encontrarles un hueco en el esperado Museo del Monfí de esta localidad para ser expuestos si, después de su estudio, reúnen el mérito suficiente para ello.

Justificación histórica: origen del castillo

Para aventurar el probable origen del castillo que nos ocupa no podemos hacer otra cosa que adaptarnos a la historia de la región en la que está ubicado, los Montes de Málaga y la comarca de la Axarquía, para buscar entre los acontecimientos históricos el motivo que llevó a un colectivo humano a la decisión de instalarse en aquellas alturas.

Pudiera ser que el primer y principal motivo fuera simplemente el instinto de supervivencia. Las invasiones bárbaras, que precipitaron el derrumbe del Imperio romano de Occidente, se empezaron a sufrir en toda la provincia malagueña desde el siglo IV en adelante. Las luchas que se produjeron entre visigodos y vándalos por el control de la región y el paso final de estos últimos a África, asolando a su paso toda ciudad y aldea con que se tropezaron (realizando sus famosos actos vandálicos), pudo llevar a las clases más humildes, a la plebe indígena, a huir a sitios seguros buscando refugio y así, de esta manera, comenzaron a poblarse las zonas de montaña. Las luchas posteriores entre bizantinos y visigodos, con la victoria de estos últimos, y finalmente la opresión feudal de la aristocracia visigoda, asentada en la península desde mediados del siglo V y que se empieza a implantar en las tierras malagueñas años más tarde[18], son lo que, según la opinión de numerosos expertos[VII], impulsa el éxodo hacia los montes de parte de la población indígena que habitaba en unas ciudades en franca decadencia en aquellos tiempos, intentando de esa manera escapar del servilismo que les imponían los *comes* (condes) godos.

Los huidos de las ciudades se asociaban en pequeñas comunidades ubicadas en zonas de montaña, en sitios elevados y abruptos para así aprovechar las defensas naturales del lugar elegido, reforzando los sitios más vulnerables con la realización de pequeñas obras de mampostería y con la elevación en zonas concretas de torres defensivas. Al principio esos **husun** o **hins,** las fortalezas-refugio que fueron apareciendo en los montes malagueños, serían solo pequeñas aldeas algo fortificadas, pero con la llegada de los ejércitos musulmanes un número cada vez mayor de la población se unió a ese éxodo a los montes.

---

[18]   El dominio visigodo se produjo en las tierras malagueñas a partir del año 615, después de la expulsión de los bizantinos.

Al producirse la conquista de Málaga en el año 713, cuando ya gran parte de lo que en el futuro se llamaría al-Ándalus se encontraba bajo dominio musulmán, los nuevos conquistadores se encontraron con una ciudad casi despoblada: ante la llegada del invasor la mayoría de la población malagueña había huido hacia los montes del interior, a los refugios de montaña ya existentes o a otros nuevos, tal y como nos relata el cronista del siglo XIII Ibn Idari en su *Historias de al-Ándalus*:

> *«Envió a ella (a Málaga) Tariq desde Ezga un cuerpo de tropas con uno de sus alcaides y un adalid de la gente de Ilian, que se apoderó de la ciudad y de toda la comarca de Raya, huyendo los infieles a los montes de Raya, altos e inaccesibles»[VIII].*

Entre esos refugios destacaron Jotrón, Comares, Mazmúllar, Santón Pitar y Reina, que se fueron transformando en *husun* importantes. De esta manera se formó, entre los siglos VII y IX, una auténtica red de fortalezas habitadas por indígenas hispanos, mayoritariamente de confesión cristiana, que se dedicaron a la agricultura y al pastoreo y que se mantuvieron al margen del dominio del al-Ándalus musulmán hasta bien entrado el siglo XI.

Un geógrafo árabe del siglo X llamado Ibn Hawqal describió de esta manera la «sociedad» que habitaba en los montes malagueños:

> *«Hay en al-Ándalus más de una explotación agrícola que agrupa a millares de campesinos, que ignoran todo de la vida urbana y son europeos de confesión cristiana.*
>
> *Cuando se sublevan se atrincheran en un castillo. La represión es de larga duración, pues ellos son intrépidos y obstinados; cuando han desechado el yugo de la obediencia es extremadamente difícil reducirlos, a menos que se les extermine hasta el último, empresa penosa y duradera»[IX].*

Una de las fortalezas-refugio más nombradas y conocidas es el *husun* de **Yutrun** (Jotrón) gracias a la descripción que el cronista de la corte cordobesa Ibn Hayyan nos dejó en su obra *Al-Muqtabis V,* escrita a finales del siglo X:

> *«Jotrón, plaza fuerte sobre un monte tan alto como las nubes, rodeada casi totalmente por los tremendos precipicios de un valle, de modo que era imposible la aproximación y el ascenso a causa del hins que estaba sobre el monte, habiendo entre el valle y los barrancos circundantes amplios cultivos, tupidas viñas, espeso arbolado y anchos pastizales, donde pacían sin temor los ganados de la gente de la fortaleza, para los que era puerta y cerrojo, mientras que por oriente la fortaleza daba a un llano de fácil acceso y abierta frente. Todos sus habitantes eran cristianos, sin un solo musulmán, y lo mismo el hins de Comares y sus hermanos Santón Pitar y Sedella, pues las fortalezas de aquella zona habían sido de cristianos desde siempre»*[X].

Ibn Hayyan nos dice que esos castillos de los Montes de Málaga *«habían sido cristianos desde siempre»* y al leer esto es lógico pensar que el *hins* del Cerro de Cútar, tan cercano a ellos, también estaría habitado por cristianos, descendientes de ese grupo de personas de origen indígena que subieron a los montes desde las ciudades y que se asentaron también en las alturas de Cútar, dando nombre al castillo que les servía de refugio y que fue conocido por los cronistas como el *hins* **Aqùt** que mencionamos antes.

Origen del topónimo hins *Aqùt*

Para hallar el origen de este nombre debemos remontarnos siglos atrás, cuando la civilización romana se hizo prácticamente dueña de todo el mundo conocido, «latinizándolo». Después de siglos de presencia romana, cuando ya Hispania era una provincia de pleno derecho del Imperio, el idioma oficial que se hablaba en toda la península era el latín.

El latín culto, el idioma escrito que usaron los escritores clásicos, medievales y modernos y que también fue el idioma litúrgico de la Iglesia católica hasta bien entrado el siglo XX, ha permanecido inalterable en el tiempo. Sin embargo, el latín vulgar, el que hablaban comerciantes, soldados, campesinos y esclavos en todo el Imperio romano, fue evolucionando de forma distinta según la región donde se hablara, naciendo de él idiomas modernos como el francés, el italiano, el rumano…, las llamadas lenguas romances, de las que aquí, en la península ibérica, surgieron el gallego-portugués, el catalán y el castellano, todos ellos con el ancestro común del latín.

Los cristianos que quedaron atrapados dentro del territorio dominado por el emirato andalusí, los que en el siglo XIX comenzaron a ser conocidos con el nombre de **mozárabes**[19], continuaron siendo latinoparlantes de un idioma que unos llaman **romance andalusí** y otros simplemente **mozárabe.**

Es, por tanto, un latín que evoluciona hacia el mozárabe el que se hablaba entre la población indígena de la época de la que hablamos, cuando se creó el *hins* del Cerro de Cútar. Aquellas personas que se instalaron en los montes, en sus fortalezas-refugio, «bautizaron» los montes, ríos, arroyos, los lugares en donde habitaban y que conocían, con nombres latinos, algunos de los cuales han llegado hasta nosotros a pesar de los siglos transcurridos.

Porque cuando el dominio musulmán llegó a estas tierras esos nombres de lugar ya existían y fueron asimilados, con el tiempo, por el idioma árabe, adaptándose a la fonética de ese idioma para de esa manera quedar registrados en las fuentes escritas en lengua árabe de la época. Cuando se produce la llamada Reconquista, ochocientos años después, al pasar esos topónimos del árabe al castellano para asentarlos en las crónicas que relataron la conquista del reino de Granada, o en los libros de repartimientos del siglo XV

---

[19]   Mucho tuvo que ver en esto el malagueño Simonet Baca con su obra *Historia de los mozárabes de España*, deducida de los mejores y más auténticos testimonios de los escritores cristianos y árabes.

y en los de apeos y repartimientos del XVI, todavía perduraban en ellos sus raíces latinas.

Juan Antonio Chavarría Vargas en su *Contribución al estudio de la toponimia latino-mozárabe de la Axarquía de Málaga* realiza un completo análisis de 67 nombres de lugar, ubicados todos en la comarca de la Axarquía, sacados de esas antiguas fuentes árabes y cristianas. Entre esos nombres de lugar hay tres que se pueden localizar en las cercanías de la localidad de Cútar; de hecho, los accidentes geográficos a los que se refieren esos tres topónimos rodean por completo al pueblo. Después de realizar un profundo análisis lingüístico sobre esos nombres de origen latino-mozárabe, Chavarría llega a las conclusiones que, de forma resumida, se exponen a continuación:

Alhanda Calcorbache[XI]. Es un nombre que se corresponde con la transcripción al castellano del árabe **al-jandaq al-qurbay**. El primer elemento, *al-jandaq,* es una palabra árabe que significa barranco o arroyo, mientras que *qurbay* o *corbach* es una palabra de origen mozárabe derivada del latín **corvu,** cuervo. Por lo tanto, Alhanda Calcorbache puede traducirse como «barranco o arroyo del cuervo» y se puede identificar con la cañada del Corbacho actual, situada en el término municipal de Cútar y que también da nombre al Cerro Corbacho y al paraje del Corbacho.

Alhanda Calcorbache aparece mencionada en los libros de los repartimientos de Comares:

«Otrosy, de una viña que tiene cabe Alhanda Calcorbache»[XII].

Alpauma[XIII]. Aparece en el repartimiento de Comares como **pago de Alpauma,** una palabra que se produce por la fusión del artículo árabe **al** con la palabra mozárabe **pauma,** que proviene a su vez del latín **palma** (palma o palmera); posteriormente el artículo **al** desaparece, quedando como **pago del Pauma.** En el libro de apeos de Comares aparecen el pago de El Paumal y el pago del arroyo o río del Pauma, identificado este último con el actual arroyo del Paumé, o río de Cútar, que nace bajo Los

Ventorros de Comares y atraviesa el término de Cútar para desaguar en el río Benamargosa. En este arroyo del Paumé se dice que se encontraron unas monedas romanas, aunque no es posible confirmar tal hallazgo.

> *«Otra viña de Hamete el Leulebu, que son dos pedaços juntos en el pago de Alpauma*[XIV].
>
> *Otro pedaço de viña de Mahomad Leylebu, linde Helil en el pago del Pauma»*[XV].

La existencia de estos nombres de origen mozárabe, *corbach* y *pauma,* descendientes del latín que se «arabizaron» y después se «castellanizaron», viene a demostrar que en la zona cercana al actual pueblo de Cútar hubo, antes o durante la llegada del mundo islámico, una presencia indígena latino-mozárabe que dio nombre a esos pagos. Pues bien, a esa presencia indígena debemos también el nombre del castillo.

__Aqùt__[XVI]. Según Echeverría Vargas, el origen etimológico de la palabra **aqùt** viene del latín ***acutu/acuta,*** que significa agudo o aguda (puntiagudo/puntiaguda). Simonet nos informa de la existencia en el reino nazarí de Granada[XVII] de varios montes llamados **Mont Aqut,** o monte agudo, y uno de ellos bien pudo haber sido el Cerro de Cútar. El castillo construido en la cima de este cerro sería conocido como el *hins* Aqùt, que cabe la posibilidad de que fuera el mencionado por los cronistas árabes en el siglo X. Este nombre evoluciona con el tiempo hacia el topónimo menor de **Iznacutar** y, ya en el siglo XVI, en el libro de apeos y repartimientos de Cútar el Cerro aparece con el nombre de **Cerro Iznacutar** o **Yznalcútar;** una fuente de las cercanías como ***aina*** **Iznacutar** y toda esa zona con el nombre de **pago Yznacútar,** nombres en los que se aprecia, sin ser filólogo, la similitud fonética que tienen con el *hins* Aqùt latino-mozárabe. Sirva de ejemplo para lo dicho la siguiente cita extraída de los mencionados libros de apeos y repartimientos, realizados en 1571:

> *«Suerte de eriazos e montes en el pago de Yznacútar… cúpole su suerte de los dichos eriazos e montes… que se hizo en el dicho pago de Yznacútar, en almendral y eriazo…»*[XVIII].

Pero además Chavarría afirma que es de ese *Aqùt-acutu/acuta* de donde procede el actual nombre de la localidad: Cútar. **Qarya Aquta** y *qarya* **Quta** son las grafías en árabe más antiguas conocidas del nombre de la *qarya* (alquería) que dio paso a la localidad actual. Como se verá más adelante, estos nombres, Aquta y Quta, aparecen en unos documentos fechados en los años 1444 y 1460, respectivamente, y posiblemente tengan su origen en el *Aqùt* latino-mozárabe. Su evolución en castellano es el **Cuta** que se nombra en las primeras crónicas cristianas de la conquista de Vélez (siglo XV), apareciendo a partir del siglo XVI en todas las fuentes escritas con la forma **Cútar** de la actualidad.

Hay que tener en cuenta que, durante la época del dominio del islam en Al-Ándalus, un *hins* no era únicamente un castillo o fortificación: en el ámbito rural el nombre de *hins* designaba no solo a la construcción de índole defensiva, sino que también hacía referencia a las aldeas o alquerías que estaban bajo la zona de influencia del castillo, el lugar donde buscaban refugio los aldeanos en caso de peligro. Un *hins* podía tener bajo su protección a una o a varias alquerías, una de las cuales solía recibir el nombre del *hins* del que dependía[XIX].

Así pues, eso fue lo que debió de ocurrir con la antigua alquería de Cútar, que recibió el nombre del castillo, el *hins* Aqùt, del que dependió en algún momento de su historia. Las interpretaciones más modernas se inclinan hacia esa teoría, pues ya nadie acepta la romántica teoría del arabista malagueño Simonet Baca[XX], que defendía que el nombre de la localidad provenía del vocablo árabe *cautzar,* o fuente del paraíso, teoría que desde el siglo XIX venía siendo aceptada por todos.

Un poco de historia (a mi manera)

La historia de nuestra comarca, Axarquía y Montes de Málaga, en la época de la existencia del *hins* cutareño está intrínsecamente ligada a la guerra civil, *fitna,* que afectó a buena parte del sur de al-Ándalus y de la que fue principal protagonista el rebelde muladí[20] Umar ibn Hafsún.

Muchas y muy variadas historias se han escrito sobre este personaje en los últimos dos siglos, siempre siguiendo la «moda» política imperante en cada momento. Así, mientras que para unos fue el arquetipo del español en lucha contra el invasor árabe, para otros se trató del primer nacionalista en busca de la independencia del pueblo andaluz. Lo cierto es que los últimos estudios que de la vida de este «héroe» malagueño se están publicando nos dicen que se trató simplemente de un descendiente de la aristocracia visigoda, cuyos abuelos se convirtieron al islam, que intentó por todos los medios a su alcance conservar sus antiguos privilegios feudales, en peligro de desaparecer a causa de la política que se estaba implantando desde Córdoba, la capital del emirato. Para lograr sus fines no dudaría en renunciar al islam y volver al cristianismo, atrayendo de esta manera para su causa a esa población mozárabe que, como hemos visto, dominaba la mayoría de los montes malagueños.

La revuelta de Ibn Hafsún se inicia en el año 881 y mantiene en jaque a varios emires cordobeses. En los momentos más relevantes de la *fitna* Umar ibn Hafsún desde su capital, Bobastro, consigue llevar su dominio hasta las mismas puertas de Córdoba, adueñándose de Priego y su comarca, controlando también multitud de castillos

---

[20]   Los muladíes fueron los hispanos de ascendencia cristiana que se convirtieron a la fe musulmana en tiempos de al-Ándalus. Según la RAE: «*Dicho de un cristiano: Que, durante la dominación de los árabes en España, se convertía al islamismo y vivía entre los musulmanes*».

y ciudades desde Algeciras hasta Jaén y Granada, incluida la misma Archidona, capital de la *cora* de Rayya, mientras que la medina de Málaga, la ciudad más importante de la zona, permanecía leal a Córdoba. Esta situación de dominio territorial cambia cuando Abd al-Rahman III se convierte en el gobernante de al-Ándalus, porque a partir de ese momento la cosa comienza a ponerse cruda para los seguidores de Ibn Hafsún.

Abd al-Rahman, Abderramán, decidido a acabar de una vez por todas con esta «chinche en la paletilla» que llevaba tantos años incordiando al emirato, da comienzo en el año 913 a una serie de campañas militares dirigidas contra los hafsuníes de Bobastro y sus aliados, que culmina con la rendición, en el 928, de Hafs, el último de los hijos de Umar ibn Hafsún que se mantenía al frente de la revuelta. El cronista cordobés Ibn Hayyan recogió en el *Al-Muqtabis V* el relato de esas campañas, de las que ofrecemos a continuación un somero resumen[21]:

En el año 913 comienza la primera de las campañas del emir atacando Monteleón, en Jaén, pasando después a tierras de Granada. En Martos recibe la noticia de que Málaga está siendo sitiada por los hafsuníes, por lo que manda parte de su ejército para ayudar a su ciudad aliada. El acoso que sufre Málaga desde los castillos mozárabes que pueblan los Montes de Málaga, aliados de Hafsún, hace que al año siguiente el ejército cordobés ataque, entre otros objetivos, los castillos de **Sant Batir** (Santón Pitar), que es abandonado por sus defensores; el de **Ulyas** (Olías) y el de **Rayyina** (Monte de la Reina), que son vencidos tras duros combates.

> *«Hubo luego una atroz sequía y carestía de precios, siendo la calamidad grande, emigrando muchos y generalizándose la ruina, pues el cahiz de trigo alcanzó los 12 dinares-dirhem de plata. La gente moría*

---

[21] Este resumen está extraído del artículo de Vallvé Bermejo titulado «La rendición de Bobastro», que apareció en la Revista *Mainake,* números 2 y 3, 1980-81, donde recoge parte del *Al-Muqtabis V* de la edición de Pedro Chalmeta.

de hambre y fueron frecuentes los enfrentamientos y el desafecto entre parientes, por no hablar ya de los extraños, y el hambre se extendió a todo al-Ándalus, durando cosa de un año y haciendo perecer a muchos de sus pobladores»[XXI].

Una terrible sequía que durante el año 914 azotó a todo al-Ándalus convirtió el año siguiente, 915, en un año de escasez y de hambre, agravándose la situación todavía más por la presencia de una epidemia de peste. La crítica situación de la península hizo que Abderramán y Omar ibn Hafsún se olvidasen momentáneamente de sus contiendas y se viesen forzados a acordar una tregua por medio de un tratado de paz, a la firma del cual acudieron el médico personal de Abderramán, Yahya ibn Ishaq, y su canciller, Badr ibn Ahmad, por una parte; y por la otra, el obispo de Bobastro, Yafar ibn Maqsim, y dos nobles cristianos. Estos personajes fueron los encargados de las negociaciones, pero para esta reunión de nobles sirvió de enlace un hombre de toda la confianza de Umar, el llamado Ibn Humaid, señor del **hins Aqùt**, del que Vallvé Bermejo nos dice que *«tal vez pueda identificarse con la actual villa de Cútar, la Acuta o Cuta del repartimiento de Comares»*, aunque años más tarde se desdice de esta opinión e identifica a este *hins* Aqùt con otro existente cerca de Priego[XXII], en Córdoba.

El 1 de febrero del año 918 muere Umar ibn Hafsún después de haberse resistido desde Bobastro al poder de Córdoba treinta de sus 72 años.

> *«En este año hizo Dios morir al malvado Umar b. Hafsún, germen de hipocresía, imán de perdición, refugio de disensión, foco de sedición y refugio de rebeldes en su capital Bobastro»[XXIII].*

Le sucede su hijo Yafar, que reconoce abiertamente que su padre había muerto como cristiano después de renunciar al islam años atrás. Yafar, más levantisco que su padre, rompe la tregua firmada y de nuevo comienzan las hostilidades.

En el 919 Abd al-Rahman ataca con su ejército el castillo de Belda, cerca de Iznájar, después baja por el Guadalhorce, conquistando **Al-Lura** (Álora), y a continuación se dirige a Bobastro, no sin antes devastar los campos de **Qasr Bunayra** (Casarabonela), **Sakur** y **Fardalis** (Ardales).

Al año siguiente es asesinado Yafar por cristianos de su entorno, según nos cuentan en el *Muqtabis*:

«... *porque se había convertido de nuevo a la fe musulmana, aunque lo disimulaba*».

Le sucede su hermano Sulayman, que tiene que hacer frente a un ataque de Abderramán al *hins* al-Mundat, cerca de **Qartama** (Cártama).

En el 921 los cordobeses asedian un castillo llamado **Turrus,** situado en la *cora* de Rayya, y mientras dura el asedio Abderramán manda tropas para atacar el *hins* **Aqùt** y **Yabal al-Hillara** (Monte de las Piedras). Vallvé identifica a este Turrus con Torrox, Yabal al-Hillara con el puerto de las Pedrizas y el *hins* Aqùt con el castillo situado en Cútar, esta vez sin ninguna duda por su parte.

En la campaña del año 922 se produce la conquista definitiva de Casarabonela y en el 923 se ataca de nuevo Bobastro,

«*dedicándose el ejército a talar los panes, viñedos y árboles frutales de Bobastro y de los castillos próximos de Fardaris, Qumaris, Uliyas, Sant Bitar y otros*».

El ejército de Abderramán acampa frente a Bobastro y construye fortificaciones para dejar allí guarniciones fijas, que asediaran la ciudad durante años.

En el 927, Suleyman, tras burlar el asedio, sale de Bobastro con una pequeña escolta para ir a beber a un convento *(dayr)* situado en la alquería de **Qanillas** (Canillas), siendo sorprendido y atacado por la caballería de Abderramán. En la lucha Suleyman muere y su cadáver es llevado a Córdoba, donde es expuesto en una cruz en la Puerta de la Azuda. Hafs, hermano de Suleyman, le sucede como líder de Bobastro.

Las tropas de Abderramán construyen más fortificaciones alrededor de Bobastro para estrechar aún más el cerco mientras él mismo se dirige a Olías, que conquista, ordenando destruir sus fortificaciones y murallas. Después continúa hasta Sant Bitar y castillos próximos, a los que *«devastó sus campos»*, pero sin lograr su rendición. A finales de ese mismo año Bobastro se rinde por fin al ejército cordobés

«a nueve noches por andar del mes de du-l-qada del año 315».

El 17 de enero del 928 los visires comisionados por el emir Abderramán entran en Bobastro para tratar la capitulación de Hafs, el hijo de Umar ibn Hafsún, al cual se le concede el **aman,** el perdón, además de un alto puesto en el ejército, marchándose a Córdoba, donde es recibido por el emir.

Abderramán III entra en Bobastro poco después, el 15 de marzo, y tras recorrer toda la ciudad reza en la mezquita, abandonada por aquellos días, y ordena que los restos de Ibn Hafsún sean exhumados y llevados a Córdoba para ser expuestos en la Puerta de la Azuda, clavados en un alto poste al lado de los de sus dos hijos Yafar y Soleyman.

Para terminar con los focos de resistencia que quedaban, el emir manda a su general Said ibn al-Mundir a ocupar los castillos de Sant Bitar, Qumaris y Yutrún, desalojando a sus habitantes, que fueron **bajados al llano,** y destruidas sus murallas.

«Envió cadíes con diversos contingentes a todas las fortalezas (husun)
de la kura de Rayya, con orden de destruirlas todas, derribar sus muros y
derruir sus alcazabas, quitándoles los cimientos y dispersando sus piedras,
y obligando a sus moradores a bajar al llano y habitar en él en alquerías,
como lo habían hecho cuando pertenecían a la comunidad. Así lo ejecu-
taron cumplidamente, con la ayuda divina: entre las fortalezas enriscadas
mencionadas en este escrito, que se destruyeron, hubo treinta, de modo

que la Kura de Rayya, donde había habido tanta inexpugnable fortaleza, paso a ser un solo y sólido llano que se podía recorrer, sin fortaleza en guardia ni enemigo avizor (…), salvo algunas fortalezas que convino conservar por razones estratégicas».

Conclusión

Vistos los párrafos anteriores, está claro que toda la comarca de la Axarquía-Montes de Málaga fue un importante foco de rebelión enfrentado al emirato de Córdoba. Los castillos de Comares, Santón Pitar, Olías, Jotrón, Monte de la Reina y, por qué no mencionarlo, el de Cútar fueron objetivos permanentes de los ataques del ejército cordobés a lo largo de los años que duró la *fitna,* por lo que es lógico pensar que el mismo fin que sufrieron esos treinta castillos que se mencionan en el *Muqtabis* de ibn Hayyan, el desalojo y destierro de los moradores del castillo y la destrucción de sus murallas a manos de los soldados de Abderramán III, pudo ser también el que sufrió el *hins* Aqùt, el castillo Agudo de Cútar.

Aunque tal vez el fin del castillo no se produjo en ese momento. Puede ser que el destino final del *hins* Aqùt supusiera la aparición de la *qarya,* la alquería, que con el paso del tiempo se convertiría en el actual pueblo de Cútar (recuerden: **«obligando a sus moradores a bajar al llano y habitar en él en alquerías»**), pero es mucho más probable que ambos núcleos de población estuviesen relacionados y coexistieran en el tiempo compartiendo nombre, tal y como se ha sugerido anteriormente, durante varios siglos. Lo que sí está claro es que, a día de hoy, no es posible poner fecha a tales acontecimientos: desaparición del *hins* y aparición de la *qarya.*

Para Martínez Enamorado[XXIV], la secuencia cronológica de ambos núcleos de población está clara: desde el siglo VIII al X tenemos referencias históricas del *hins* Aqùt, no encontrándose a partir de ese siglo noticia alguna de su existencia, y no es hasta el siglo XV cuando aparecen las primeras noticias de la *qarya* Quta. Todo muy claro aparentemente. Sin embargo, Martínez Enamorado incluye en su libro una nota de atención: como ya sabemos, en los repartimientos de los siglos XV y XVI se mencionan en numerosas ocasiones los topónimos **Iznacutar** o **Yznalcútar,** localizados en la zona geográfica donde se ubicaba el antiguo castillo. Al historiador le resulta chocante esta *«fosilización del término* hins *en la forma Yznalcútar*[XXV]*»,* que perdurará después de transcurridos varios siglos de la supuesta desaparición del *hins* y que podría deberse, según él, al mantenimiento de las funciones defensivas del castillo de Cútar dentro del área de influencia del de Comares, cosa que, por otra parte, le resulta algo extraña, puesto que generalmente el castillo principal de las tahas no admitía ningún tipo de competencia por parte de otros castillos dentro de su territorio. Pero es muy posible que así ocurriera, que el castillo del Cerro de Cútar se mantuviera en pie hasta mucho tiempo después, por lo menos hasta los años finales del siglo XV.

Existe un documento[XXVI], fechado el 27 de septiembre de 1492, en el que el bachiller Juan Alonso Serrano, que en aquellos tiempos acaparaba los cargos de juez pesquisidor, corregidor y repartidor de Málaga, informa a los Reyes Católicos del estado en el que se encontraban las fortalezas y torres existentes en las tierras bajo su jurisdicción, que abarcaban las comarcas de Málaga, Vélez, Ronda y Marbella. En ese documento se enumeran todas las fortalezas, torres, atalayas y defensas con que contaba la región, tanto en el interior como en la costa, y se informa del estado de conservación de cada una de ellas, a quiénes pertenecían y cuáles debían, según su criterio, mantenerse activas por su reconocido valor estratégico. Para las que debían conservarse se incluía un presupuesto, por si era necesario repararlas, en el que comunicaba de dónde saldría el dinero para realizar las obras. Las otras, las que no tenían valor estratégico, debían ser derruidas directamente.

En los márgenes del informe los propios reyes o sus consejeros fueron anotando la decisión que sobre cada una de las construcciones fueron tomando, que luego quedó reflejada en una carta que remitieron al corregidor. Por poner un ejemplo, citaremos el informe y la recomendación que Alonso Serrano hace de la torre de defensa

que se ubicaba en aquellos tiempos en Macharaviaya y la respuesta
que se recibe de los reyes:

> *«Macharabihaya esta un asyento de fortaleza antigua. Non la tiene
> ninguno. Conviene que se derribe»[XXVII].*

La decisión que toman los reyes es clara y muy breve, y la dejan
anotada al margen del documento: ***«Que se haga»***, es lo que deciden,
y la torre o fortaleza antigua de Macharaviaya es derribada.

Sobre Cútar, junto con El Borge, también informa el corregidor,
mencionando la existencia de sendas torres y la conveniencia de
derribarlas, pues al estar bajo la sombra de la fortaleza de Comares
no aconsejaba mantenerlas:

> *«El Borge e Cuta, que estan en termino de Comares, que son dos
> torres que convyene que se derriben, pues que esta alli Comares, las cuales
> torres e alcarias de feredamientos son en el Axarquia, tierra de la dicha
> çibda de Málaga»[XXVIII].*

Sin embargo, cuando llega la hora de decidir el destino de las
dichas torres los Reyes Católicos no anotan nada, no comunican
al corregidor qué se debe hacer con ellas, por lo que la pregunta
que podemos hacernos es: ¿se mantuvieron en pie las torres? No
lo sabemos. Ni en ese documento ni en ningún otro posterior del
que se tenga conocimiento se vuelve a hablar de la torre de Cútar.

Lo importante del informe del bachiller Serrano es que nos sirve
para teorizar con la posibilidad de que el *hins* Aqùt, o parte de él,
todavía se mantenía en pie en 1492, casi quinientos años después de
que Bobastro se rindiera, con lo que la teoría expuesta por Martínez
Enamorado, el mantenimiento de las funciones defensivas del castillo
de Cútar, quizás sea acertada.

♦♦♦

Como nota curiosa, decir que en la historia de Cútar siempre ha estado presente su castillo, que ha representado de forma oficial al municipio, pues hubo un tiempo en que el escudo de la villa estuvo compuesto única y exclusivamente por una torre.

Las dos imágenes que se representan aquí son las de los dos escudos municipales más antiguos que se conocen de Cútar. Los dos aparecen en un documento fechado en 1876 depositado en el Archivo Histórico Nacional[XXIX]: ante el requerimiento del gobernador de la provincia solicitando información sobre el escudo municipal, Rafael Muñoz, alcalde de la localidad en aquellos años, contesta informando de que el escudo de la primera imagen se usó desde antes de 1841 hasta 1861, año en el que fue sustituido por el segundo.

Y para concluir este cuaderno recordar las palabras que Juan Temboury nos dejó en una nota manuscrita allá por el año de 1942:

«En lo alto del cerro de Iznacutar a ⅛ de legua hubo una torre»[XXX].

Notas y referencias bibliográficas empleadas en este cuaderno

[I] Carlos Gozalbes Cravioto. «La Coracha del castillo de Santopitar (Málaga), notas sobre la función y definición de la coracha en las fortificaciones hispanomusulmanas». Revista *Sharq al-Ándalus.*

[II] Plan General de Ordenación Urbanística de Málaga, Catálogo de Protección Arqueológica, ficha 056.

[III] R. Amador de los Ríos, revista *El Cronista,* n.º 3.434, 14 de mayo de 1907.

[IV] Decreto del Ministerio de Instrucción Pública y Bellas Artes hecho público en la *Gaceta de Madrid,* n.º 155, 4 de junio de 1931.

[V] Manuel Riu Riu. «Mazmúllar, sede de una población mozárabe en los Montes de Málaga». Revista *Mainake* n.º 2 y 3, 1980-1981.

[VI] Carlos Gozalbes Cravioto. «La Coracha del castillo de Santopitar (Málaga), notas sobre la función y definición de la coracha en las fortificaciones hispanomusulmanas».

[VII] Con diferentes matices, a veces contradictorios, han expuesto esta teoría, entre otros:

Manuel Acién Almansa. *La Málaga musulmana (siglos VIII-XIII).* Colección Historia de Málaga, editado por Prensa Malagueña y Diario Sur, 1995.

Virgilio Martínez Enamorado. *Al-Ándalus desde la periferia: la formación de una sociedad musulmana en tierras malagueñas (siglos VIII-X)*, CEDMA, 2003.

Roberto Marín Guzmán. *Sociedad, política y protesta popular en la España musulmana,* editorial de la Universidad de Costa Rica, 1ª edición, 2002.

Emilio Martín Córdoba. *Historia de la Axarquía,* Centro de Desarrollo Rural de la Axarquía (CEDER Axarquía), 2007.

[VIII] Ibn Idari, *Al-bayan al-Mughrib, historias de al-Ándalus.* Traducidas directamente al castellano por el doctor don Francisco Fernández González. Imprenta de don Francisco Ventura y Sabatel, Granada, 1860.

[IX] Muhammad Ibn Hawqal. *Configuración del mundo. Fragmentos alusivos al Magreb y España.* Valencia: Anubar, 1971. Traducción e índices por María José Romaní Suay, pág. 63.

[X] Abu Marwan Hayyan ibn Jalaf ibn Husain ibn Muhammad ibn Hayyan ibn Wahb ibn Hayyan al-Qurtubi. «Crónica del Califa Abdarrahman III al-Nasir, entre los años 912 y 932». *Al-Muqtabis V.*

[XI] Juan Antonio Chavarría Vargas. *Contribución al estudio de la toponimia latino-mozárabe de la Axarquía de Málaga.* CEDMA, Colección Monografías n.° 11, 1997, pág. 73.

[XII] *Repartimiento de Comares (1487-1496).* Transcripción e índices de Francisco Bejarano-Robles y estudio preliminar de Joaquín Vallvé Bermejo. Universidad de Barcelona, publicaciones del Departamento de Árabe, 1974, pág. 11.

[XIII] Juan Antonio Chavarría Vargas. *Op. cit.*, pág. 75.

[XIV] *Repartimiento de Comares (1487-1496),* pág. 18.

[XV] *Ibidem,* pág. 46.

[XVI] Juan Antonio Chavarría Vargas. *Op. cit.*, pág. 117.

[XVII] Francisco Javier Simonet. *Descripción del reino de Granada bajo la dominación de los Naseritas.* Glosario, pág. 372-373.

[XVIII] Juan Jesús Bravo Caro. *Felipe II y la repoblación del reino de Granada. La taha de Comares.* Universidad de Granada, 1995, pág. 327.

[XIX] Roberto Marín Guzmán. *Sociedad, política y protesta popular en la España musulmana.* Editorial de la Universidad de Costa Rica, 1ª edición, 2002, págs. 277-279.

[XX] Francisco Javier Simonet. *Op. cit.*

[XXI] «Crónica del califa Abdarrahman III al-Nasir entre los años 912 y 942». *Al-Muqtabis V.* Traducción, notas e índices por María J. Viguera y F. Corriente, Zaragoza, 1981, p. 104.

[XXII] Joaquín Vallvé. «*Omar ben Hafsún, rey de Marmullas (Comares)*». Publicado en el Boletín de la Real Academia de la Historia, tomo CCI, n.º 2, año 2004.

[XXIII] ***«Crónica del califa Abdarrahman III al-Nasir entre los años 912 y 942».*** *Al-Muqtabis V.* Traducción, notas e índices por María J. Viguera y F. Corriente, Zaragoza, 1981, p. 110. Todas las citas que se insertan a continuación están sacadas de esta misma obra.

XXIV Virgilio Martínez Enamorado. *Al-Andalus desde la periferia. La formación de una sociedad musulmana en tierras malagueñas (siglos VIII-X)*. Monografías, servicio de publicaciones de la Diputación de Málaga, 2003, pág. 580.

XXV *Ibidem,* pág. 335.

XXVI Archivo Municipal de Málaga. *Libro de Actas Capitulares I,* folios 197r y 199r. La transcripción de ese documento se puede consultar en el trabajo de José María Ruiz Povedano «*Problemas en torno a la reestructuración del aparato militar defensivo en el occidente granadino a fines del siglo XV*». *Baetica. Estudios de Arte, Geografía e Historia,* n.º 2, 1979, págs. 225-249.

XXVII José María Ruiz Povedano. *Op. cit.,* pág. 247.

XXVIII *Ibidem,* pág. 247.

XXIX Archivo Histórico Nacional, documentos digitalizados. Título: Cútar (Málaga). Signatura: SIGIL-TINTA_MÁLAGA,12,N.50. Código de referencia: ES.28079.AHN//SIGIL-TINTA_ MÁLAGA,12,N.50.

XXX Legado Temboury. Los fondos de este legado se pueden consultar en este enlace: http://bibliotecavirtual.malaga.es/mictemboury/ es/catalogo_imagenes/grupo.cmdpath=1014746#search=%22 C%C3%BAtar%22

CUADERNO 3º

CÚTAR: DE QARYA MUSULMANA A VILLA CRISTIANA

PRIMERA PARTE

La crónica de un alfaquí

Introducción

Al año siguiente de la rendición de Bobastro Abderramán III adopta el sobrenombre de **al-Nasir**, el vencedor, y se proclama califa o «príncipe de los creyentes», iniciando la era del llamado califato de Córdoba. Esta etapa, que duraría casi un siglo, fue la más floreciente de la historia de al-Ándalus y en ella se produjo la casi total islamización de la península: lo oriental se puso de moda de tal manera que hasta los cristianos, los mozárabes residentes en las ciudades andalusíes, empiezan a adoptar los usos y la lengua árabe.

Esa aculturación fue posible por la paz que se logra en al-Ándalus tras eliminar esa «**chinche en la paletilla**» que fuera Bobastro. Para Acién Almansa[22], la pacificación que se logra en la provincia de Málaga, foco principal de la revuelta *hafsuní,* fue fruto de la política de «bajar al llano» a la población derrotada. Los refugios de altura, los *husun* rebeldes, son abandonados, favoreciendo la vida de las alquerías e incrementando la población de las ciudades. De esa forma, el control del Estado sobre la población fue mucho más efectivo, eliminando de un plumazo el peligro de nuevas revueltas.

El territorio de las zonas rurales se organiza desde ese momento en «distritos castrales», formados por un castillo o fortaleza gobernado por un alcaide, que es reconocido y aceptado por el emir cordobés y que tiene a su cargo una serie de alquerías que dependen de él. Esta división territorial recibe el nombre de **taha** y Comares, el que fuera uno de los castillos rebeldes más importantes de la zona, posiblemente salvado de ser destruido por su importancia estratégica, se convierte en el centro de uno de esos distritos: la taha de Comares, formada por las alquerías de Almáchar, Benamargosa, El Borge y Cútar, además de otros núcleos de población de menor importancia. De esa

---

22   Manuel Acién Almansa. *Málaga musulmana (siglos VIII-XIII),* en *Historia de Málaga,* editado por Diario Sur y Prensa Malagueña, 1998.

forma, suponemos que casi sin cambios a pesar de los giros históricos que sufre al-Ándalus después del fin del califato (los reinos de taifas, las invasiones de los imperios almorávide y almohade y el avance conquistador de los reinos cristianos del norte), la taha de Comares llega al siglo XV formando parte del reino nazarí de Granada.

En los años finales de ese siglo, el XV, se va a ir produciendo la paulatina conquista de las ciudades más importantes de lo que quedaba del al-Ándalus musulmán: en 1487 los Reyes Católicos logran la rendición de Vélez, y Comares y su tierra se rinden días después. A los pocos meses se conquista Málaga y finalmente, en enero de 1492, los soberanos cristianos reciben de manos del último sultán nazarí las llaves de la ciudad de Granada, terminando de ese modo lo que en la historia de España se conoce tradicionalmente como la **Reconquista.**

En Comares, como en el resto del recién conquistado reino de Granada, se procede a la reorganización administrativa del territorio, para lo que una serie de «medidores» encabezados por el corregidor de Málaga, el bachiller Alonso Serrano, realizan las reparticiones de la antigua taha, dividiéndola en los cinco municipios actuales: Almáchar, Benamargosa, Comares, Cútar y El Borge.

En la primera parte de este cuaderno se da un repaso a esa última época de la Reconquista, guiados por las anotaciones que un alfaquí de Cútar nos dejó en sus libros de consulta. Se convierte este alfaquí en cronista de la antigua *qarya* en su transición histórica a villa castellana, pues sus notas reflejan todos los acontecimientos importantes que se producen en la localidad y, por extensión, en todo el reino de Granada, en esos años finales del dominio musulmán y en los primeros de la época cristiana, cuando los últimos andalusíes que quedaban en estas tierras se ven forzados a convertirse al catolicismo. Esta primera parte del cuaderno se extiende en el tiempo, sin la ayuda inestimable del cronista, hasta la expulsión de España de todos los descendientes del pueblo musulmán que quedaban en el país, que se produjo allá por el año de 1609.

La segunda parte del cuaderno se centra en la localidad, en intentar descubrir sus orígenes y en describir sus lugares más destacados y singulares. Esto último no es complicado, pues basta con darse un paseo por las calles del pueblo y esos lugares van apareciendo sin buscarlos. Intentar descubrir los entresijos de la historia de cada uno de ellos es mi humilde contribución en este trabajo.

Pero, por otra parte, identificar el origen de la *qarya* es una cuestión mucho más complicada. De algunos datos historiográficos se tiene conocimiento, por medio de los cuales se puede poner fecha a etapas históricas en las que la vida en la alquería ya estaba consolidada, pero pretender descubrir el origen de los primeros pobladores de Cútar es otra cosa. Si tenemos en cuenta que una gran mayoría de las *qaryas* andalusíes fueron fundadas por tribus o clanes familiares llegados mayoritariamente del norte de África, que dejaron su seña de identidad en los nombres de sus alquerías (los pueblos actuales con el prefijo «**Bena-**» son clara muestra de ello), es de suponer que los fundadores de una alquería con un nombre de posible origen latino-mozárabe, como seguramente sea el de Cútar, no pertenecían a ninguno de esos grupos familiares. Los primeros representantes de la cultura islámica que llegaron a Cútar seguramente se limitaron a ocupar una aldea que ya existía, recogiendo y haciendo suyo lo que los pobladores indígenas, los que Chavarría Vargas llama en su libro el **sustrato latino-mozárabe**, ya disfrutaban con anterioridad a su llegada. Con el paso del tiempo, y ante la presión de los musulmanes recién llegados, entre los antiguos habitantes de la aldea se produjo la lógica conversión al islam y entre esos nuevos **muladíes** y los recién llegados se llegó a formar la comunidad musulmana: la *alǧamáʿa,* la aljama local.

¿Cómo era la *qarya* de aquellos tiempos? Imposible saberlo, aunque a raíz de los hallazgos que se han producido en las últimas dos décadas y de los datos históricos conocidos con anterioridad podemos hacernos una idea aproximada de su composición. La mayoría de las casas que tenemos en el pueblo seguramente se construirían en aquella época, como lo demuestra el hecho de que en los muros de una casa situada en el centro de la población se encontrasen ocultos los libros del alfaquí de la *qarya* y que, además, en otra casa muy cercana se descubriese en 2011, al quitar el enfoscado de barro de un patio interior, la que fue en su día la abertura de una ventana o balcón, enmarcada por un arco de herradura fabricado con ladrillos de barro y cuya construcción es del más puro estilo andalusí.

Es de suponer, por consiguiente, que muy poca diferencia habría entre el núcleo urbano del siglo XV y el actual, puesto que los edificios más importantes con que contaba la antigua *qarya* aún los podemos ver en el presente: uno en las afueras, en la actualidad una fuente, pero que en época nazarí posiblemente fuera una rábita; la mezquita, en cuyo solar posiblemente se asiente la iglesia actual; y podemos tener la certeza de que aquellos cutareños contaban, como mínimo, con un molino, además de una serie de fuentes públicas y de una **era** que, por desgracia, dejó de existir hace unos años.

La crónica de un alfaquí

En los primeros días del mes de marzo de 1483 se hallaba concentrado en la ciudad de Antequera un poderoso ejército, formado por 2.700 caballeros y más de mil peones o soldados de a pie, que reunía entre sus filas a lo más granado de la nobleza andaluza de la época.

Capitaneado por D. Pedro Enríquez, adelantado mayor de Andalucía, y D. Alonso de Aguilar, VI señor de Priego y Aguilar, que marchaban a la vanguardia de la caballería, con el marqués de Cádiz, D. Rodrigo Ponce de León, en el centro y con el gran maestre de la Orden de Santiago D. Alonso de Cárdenas, en la retaguardia, este cuerpo de ejército se pone en marcha desde Antequera el miércoles 19 de marzo con la intención de adentrarse en las tierras orientales de Málaga para realizar una algarada, un ataque de destrucción y rapiña, contra las aldeas y campos de la comarca del reino nazarí de Granada que era conocida entre los castellanos con el nombre de **la Ajarquía** de Málaga.

Convencidos por el gran maestre D. Alonso de Cárdenas de la riqueza y abundancia de esas tierras, cuajadas, según contaba él, de numerosas aldeas habitadas por gentes industriosas y ricas, y desoyendo los consejos del marqués de Cádiz, que abogaba por atacar la Serranía de Ronda, el ejército cristiano se interna en tierras axárquicas. La geografía de la comarca, abrupta y montañosa, no facilita de ningún modo su avance. Para llegar hasta las aldeas que son el objetivo final de la razia, los peones tienen que abrir paso a la caballería por tortuosos caminos de montaña. Esquivando breñas y peñascos, el ejército cristiano va internándose cada vez más en el gran laberinto de lomas y de cañadas que son los Montes de la Axarquía.

Así, en un lento y penoso andar, llegan a la primera aldea y la encuentran vacía: los lugareños, avisados con tiempo de la presencia del enemigo, han huido llevando consigo todo lo que de valor poseen. No dejan en sus hogares botín alguno que satisfaga las ansias de riqueza de los soldados cristianos. Estos, al verse burlados, incendian todo caserío que encuentran vacío, dejando a su paso un rastro de destrucción, y poco a poco van abandonando el orden y la disciplina, dispersándose y buscando cada uno por su cuenta el ansiado botín.

Mientras tanto, los aldeanos, esperando su venganza, se congregan en las alturas de los montes y piden ayuda a la medina de Málaga, en la que se encuentra acuartelada una importante tropa de caballería al mando del Zagal, tío del soberano de Granada y famoso caudillo moro. Este, al recibir la noticia de la incursión del ejército cristiano, se pone en marcha con sus tropas para hacerle frente mientras manda aviso a los que acampan en los montes para que, al mismo tiempo que él, ataquen a los cristianos.

Al caer la noche del viernes 21 de marzo las tropas cristianas, que se encuentran divididas y encajonadas entre montañas, comienzan a sufrir una lluvia de flechas y piedras que les arrojan desde las alturas mientras el Zagal con su caballería ataca la retaguardia, formada por los caballeros de la Orden de Santiago. Don Alonso de Cárdenas se ve en tan serio peligro que pide ayuda al marqués de Cádiz, que intenta socorrerlo, pero en mitad de la noche y atacados por todas partes, los soldados del marqués son diezmados por los musulmanes. Durante toda la noche sufren los ataques continuados de las huestes musulmanas hasta que los capitanes cristianos deciden realizar un ataque a la desesperada para abrirse paso e intentar ponerse a salvo:

> *«Muramos (dijo el maestre de Santiago), muramos faciendo camino con el corazón, pues no lo podemos facer con las armas, é no muramos aquí muerte tan torpe. Subamos esta sierra como homes é no estémos abarrancados esperando la muerte, é vellendo morir nuestras gentes, no las pudiendo valer»*[23].

---

23   Hernando del Pulgar. *Crónica de los Señores Reyes Católicos Don Fernando y Doña Isabel de Castilla y de Aragón.*

Mientras eso ocurría con las tropas del maestre de Santiago, en otro lugar se desarrollaba otra batalla:

«El marqués de Cádiz, D. Pedro Enríquez, D. Alonso de Aguilar y el conde de Cifuentes, que se habían replegado por consejo de los adalides en busca de la llanura, cayeron en la celada del Zagal, hacia el pueblo de Cútar. Atacados por la caballería trataron de replegarse y de vender caras sus vidas; pero era tan escaso el número de combatientes, y estos se hallaban tan atemorizados y fatigosos, que no hubo medio de resistir… Ha quedado tal memoria de la mortandad durante aquella tarde que se ha llamado a las lomas de Cútar las Cuestas de la Matanza»[24].

El de Cádiz logra huir, pero antes tiene que contemplar cómo en la lucha mueren dos de sus hermanos; también el maestre de Santiago, el adelantado y Alonso de Aguilar salvan la vida y consiguen llegar a Antequera, donde poco a poco se va congregando lo que queda del vistoso ejército que salió días atrás de allí mismo. Según las crónicas, las bajas cristianas tras los dos días que duró la batalla fueron de ochocientos muertos y cerca de 1.500 prisioneros, siendo el resultado de esta batalla, posiblemente, el mayor descalabro que sufrieron las tropas cristianas en toda la guerra de Granada.

El relato anterior es una amalgama, un cóctel conseguido combinando partes de lo que nos contaron los cronistas de la época y otros más modernos, de una acción de guerra ocurrida durante la «Reconquista» y que esos mismos cronistas llamaron el **descalabro de la Axarquía** o **la batalla de las Lomas**. Con esta acción, las tierras axárquicas se vieron por vez primera metidas de lleno en una guerra que llevaba varios siglos enfrentando a los reinos cristianos del norte contra el reino nazarí de Granada. Quizás sea en ese día, 21 de marzo de 1483, en el que comienza el declive y la posterior

---

[24]   Miguel Lafuente Alcántara. *Historia de Granada, comprendiendo las de sus cuatro provincias Almería, Jaén, Granada y Málaga,* edición de Baudry, Librería Europea, París, 1852, pág. 211.

desaparición de la cultura y la religión musulmanas de las tierras de la Axarquía[25].

La crónica de un alfaquí

Uno de los nobles que intervino en la desastrosa acción de guerra antes descrita, que además acompañó a los Reyes Católicos en las victoriosas campañas militares en las que se consiguió la conquista de Málaga y la rendición de Granada, fue don Pedro Enríquez, adelantado mayor de Andalucía.

Por medio de unas mercedes concedidas en 1479 por el rey Fernando de Aragón, al ostentar el título de adelantado don Pedro podía disponer a su antojo de la vida y de los bienes materiales de todo aquel mudéjar (súbdito musulmán que vivía en tierras cristianas) que fuera capturado intentando pasar del reino de Castilla al de Granada sin permiso. Como además era el «dueño» de todo aquel prisionero que consiguiera capturar en los hechos de guerra en los que participaba, el adelantado siempre tenía bajo su tutela un gran número de cautivos y esclavos de confesión musulmana, de los que usaría a unos como mano de obra en sus dominios y a otros, los más importantes, los tendría reservados para ser rescatados de la cautividad a cambio de dinero o canjeados por prisioneros cristianos que estuviesen en manos musulmanas. En la casa del adelantado siempre había cautivos, entre los que se encontrarían muchos personajes granadinos a la espera de su rescate. El hecho de que a su muerte, acaecida en 1492, su viuda recibió en herencia 92 esclavos que residían en su casa de Sevilla es una prueba de ello.

---

[25] Es necesario hacer una aclaración: en tiempos nazaríes, y tras la «Reconquista», la Axarquía de Málaga estaba formada únicamente por los pueblos de los Montes de Málaga más cercanos a la capital por el lado oriental, o sea, los pertenecientes a la taha de Comares: Almáchar, El Borge, Benamargosa y, por supuesto, Cútar. La tierra de Vélez, la taha de Bentomiz y la taha de Frigiliana eran, en aquellos tiempos, distritos independientes, que hoy en día sí forman la comarca de la Axarquía, compuesta por 31 municipios y que ocupa toda la zona oriental de la provincia de Málaga.

Uno de esos personajes, «huésped» del adelantado de Andalucía, se consolaba en sus días de cautiverio copiando, y quizás creando, obras poéticas en las que dejaba reflejado lo amarga que para él era la época que le había tocado vivir, viendo cómo se acercaba el declive de Granada, el último reducto en al-Ándalus de su cultura y de su religión. **Muhammad b. 'Ali b. Muhammad al-Yayyar al-Ansari,** nuestro personaje, el 2 de noviembre de 1488 terminó de copiar un poema de alabanza al Profeta. El poema es conocido como la **Qasida al-Burda de Al-Busiri,** y trata sobre un manto, *burda* en árabe, que según la tradición poseía propiedades curativas. El copista, al terminar su trabajo, dejó como colofón el siguiente mensaje:

> *«La terminó (de copiar) por propia mano, el siervo, el necesitado de la misericordia del Señor, el que espera Su recompensa y el perdón de sus pecados, Muhammad b. 'Ali b. Muhammad al-Yayyar al-Ansari la mañana del domingo 27 de du al-qada del año 893 (2 de noviembre de 1488)... y la escribió estando cautivo en la ciudad de Isbaliyya (Sevilla). ¡Dios la conceda al Islam!, en casa del Adelantado»[1].*

En los años finales del siglo XV, Muhammad b. 'Ali b. Muhammad al-Yayyar al-Ansari se convierte sin saberlo en cronista. Es el dueño de una pequeña colección de libros de consulta que le son necesarios para poder desempeñar su trabajo como jurista, pues hemos de decir que este hombre es alfaquí. Estos libros los ha ido recopilando con el tiempo, a veces copiando de su puño y letra las obras que le han interesado, como ha venido haciendo durante su cautiverio en Sevilla, o consiguiendo textos escritos por otras personas. De esa manera ha conseguido reunir una serie de cuadernillos que distribuye y cose en dos tomos distintos según su temática. En el primer libro recoge todo lo necesario para poder desempeñar su oficio de alfaquí: formularios notariales, de la ciencia de las herencias, de matemáticas, tradiciones del Profeta y de cuestiones jurídicas sobre el matrimonio. Este es su «libro de oficio», al que acude cada vez que tiene una duda que resolver sobre esos temas, pues, como alfaquí, tiene jurisdicción sobre las cuestiones civiles que afectan a la comunidad musulmana.

El temario recopilado en el otro volumen es más personal, pues en sus hojas inserta anotaciones de algunas fechas importantes para él y su comunidad, además de contener una colección de obras literarias como la mencionada *qasida al-Burda* y otros poemas, entre ellos dos zéjeles de los que es autor[II]. Invocaciones y sermones, los hadices del Profeta y algunos temas de magia y astronomía forman parte de este tomo. Otro volumen que posee, sin duda su libro más preciado, es su antiguo Corán, que cuando llega a sus manos ya tiene casi doscientos años.

No sabemos cuándo ni cómo es capturado por los cristianos y enviado al cautiverio, pero lo más probable es que este hecho se produjera antes de la toma de Málaga[III], en 1487. En las condiciones de la rendición de esta ciudad, firmadas por Ali Dordux, quedaba claro que los cautivos **moros** que se hicieron en esa conquista, que fue la casi totalidad de la población musulmana de la ciudad, exceptuando a unas pocas familias cercanas a Ali Dordux, no podían regresar a tierras del reino de Granada aunque fuesen liberados, pero esto no siempre se cumplió, pues se sabe que muchos malagueños volvieron a su lugar de origen después de su liberación.

Los prisioneros musulmanes conseguidos en la conquista de Málaga fueron repartidos por todo el reino castellano, pero la mayor parte de ellos acabó en Sevilla, donde algunos terminaron como esclavos y otros fueron redimidos. Los números son apabullantes y hablan por sí solos: en la rendición de Málaga unos 11.000 musulmanes fueron hechos prisioneros, de los cuales casi 3.000 fueron repartidos entre los nobles que intervinieron en el sitio de la ciudad, cien fueron enviados como «obsequio» al papa y sesenta se repartieron a partes iguales entre las reinas de Portugal y Nápoles; 8.000 cautivos malagueños quedaron reservados para el trueque por cristianos cautivos en Granada o para ser redimidos a cambio de dineros, por un precio que quedó fijado en 13.000 maravedíes por cabeza. Ali Dordux, en su condición de **cadí** y **alcaide mayor de moros** del obispado de

Málaga, intervenía en todos los temas relacionados con sus correligionarios mudéjares, y el rescate de cautivos era uno de esos temas, en el que se dice que invirtió buena parte de su fortuna: entre 1487 y 1489 consiguió rescatar a unos 660 malagueños, pagando por ellos 7.502.700 maravedíes[IV].

El caso es que Muhammad al-Yayyar logra su libertad y regresa de su cautiverio en el año 1490 a tierras malagueñas, y en su liberación posiblemente interviniera el mismo Ali Dordux. El alfaquí prontamente se reúne con su esposa, en un día tan importante para él que lo anota al final de uno de sus cuadernillos, uno que contiene cuatro **jutba-s,** sermones de antes de la oración del viernes, y un **tafsir,** un comentario del Corán, que el mismo había copiado con anterioridad.

> *«Llegué junto a mi esposa, ¡alabado sea Dios! El sábado 28 de rabí al tani del año 895 (20 de marzo de 1490) y comencé mi ayuno el lunes 7 de yumada al awwal»[V].*

Aunque el alfaquí no dejó constancia de que Ali Dordux interviniese en su liberación, sí sabemos con seguridad que ambos, por su condición de juristas, mantuvieron alguna relación, si no personal, al menos profesional. Al ser Dordux cadí mayor de los mudéjares de Málaga y su tierra, era el «jefe» de al-Yayyar, alfaquí en una pequeña *qarya* malagueña; es muy lógico que esa relación se produjera y así fue, como mínimo, en una ocasión: en un documento sin fecha, nuestro alfaquí se dirige a Ali Dordux para certificar el nombramiento del representante legal de una persona, para lo que aporta una serie de testigos:

> *«¡Loado sea Dios y salve a nuestro señor Muhammad, a su familia y a sus compañeros! Me dirijo al señor Ali al-Durdus —¡al que Dios conceda gran dignidad!— responsable de este asunto (…) para informar que los testigos cuyos nombres aparecen al final de su declaración dan fe de que al-Barr b. Falaq nombra en la mañana de haberlo escrito como*

su representante legal en todos sus asuntos a Falaq b. Falaq y para que conste en todos sus asuntos da testimonio de ello Muhammad b. Alí»[VI].

Pocos meses después de ser liberado, nuestro hombre es elegido imán de la mezquita de Aqüta, seguramente por los propios vecinos de la *qarya,* que confían en él para dirigir sus rezos; el hecho de ser alfaquí y el tener una formación religiosa sólida, quizás con alguna tendencia sufí[26], influiría sin duda en esa elección. Además, como se puede apreciar al ver sus escritos y por el tipo de lectura a la que era aficionado, se puede afirmar que era una persona culta, conocedora de la literatura andalusí y que se defendía bien con el árabe clásico, cualidades más que sobradas para ejercer de imán, una ocupación que llevaba aparejada la enseñanza religiosa a la comunidad. Para desarrollar esa ocupación, sin duda, tendría que consultar con frecuencia su Corán y el libro de los hadices del Profeta, de los que posee una copia realizada por él mismo. Su primera entrada como imán en la mezquita también la dejó anotada en una página del segundo libro:

«Entró el alfaquí Muhammad b. Ali al-Yayyar —¡Dios le exima de pecado y le perdone a él y a sus padres!— en la mezquita de la qarya Aqüta —¡Dios la tenga a salvo!— en la taha de Comares a primeros de ramadán generoso del año 895 (9 de agosto de 1490)»[VII].

En la misma página donde se encuentra esta cita, al-Yayyar anota una serie de acontecimientos, algunos de índole privado, como el anterior y otros históricos de gran importancia, que marcaron la vida de todos sus contemporáneos musulmanes. En un párrafo compuesto por apenas seis renglones, el alfaquí resume la parte más importante de la historia final de al-Ándalus: la toma de Vélez, el fin de la guerra de Granada y el trago final que tuvieron que tomar los musulmanes que aquí se quedaron: la renuncia obligada a su religión.

---

[26]   En opinión de Carmen Barceló, el alfaquí era, posiblemente, miembro de una cofradía sufí. *Endechas por la pérdida de al-Ándalus en dos zéjeles de Cútar,* pág. 189.

La primera parte de ese párrafo está dedicada a la rendición de Vélez, acaecida el 27 de abril de 1487, pocos meses antes de la de Málaga. Es curioso que en sus notas no menciona la rendición de Málaga, pero sí la de Vélez. ¿Quizás porque fue testigo directo de la toma de Vélez, pero no de la de Málaga, en cuya fecha ya estaría cautivo en Sevilla? Él no nos lo dijo, solamente nos contó lo que sabía de Vélez:

> *«El cristiano tomó Vélez durante la primavera del año 892 (1487)...».*

El castillo de Comares y sus alquerías se rinden de forma pacífica dos días después de haberlo hecho Vélez y quizás por ese motivo, por no presentar resistencia, los naturales de la taha obtienen de los reyes de Castilla unas generosas condiciones de rendición, que quedaron reflejadas en las capitulaciones de Comares. A partir de ese momento los habitantes de la taha entran a formar parte del reino castellano como mudéjares, súbditos de confesión musulmana dentro de un reino cristiano-católico. Las capitulaciones firmadas garantizaban a los nuevos súbditos que optaron por quedarse (pues a los de Comares y su tierra se les concedía paso franco hacia el norte de África, a Berbería, para todo aquel que quisiera marcharse) el poder conservar sus costumbres y su religión siempre que cumpliesen con las condiciones impuestas en ellas.

Quizás aceptar el cambio de gobernante en esos primeros momentos no supuso un trauma demasiado grande para los habitantes de la taha, confiados en que los monarcas cristianos respetarían los acuerdos. Por eso, después de ver a nuestro alfaquí liberado del cautiverio y de regreso a su tierra, a Aqüta, comienza de nuevo a ejercer su trabajo como alfaquí e imán de la mezquita «aqueña» con toda normalidad, quizás manteniendo en secreto la esperanza de que la situación se pudiera revertir en el futuro y la taha volvería a formar parte de al-Ándalus, (*«¡**Dios la conceda al islam!**»*, como dejó escrito en el colofón de la *burda* al referirse a Sevilla).

Mientras tanto, las noticias que sobre la guerra llegaban a este remoto lugar eran poco halagüeñas. Los cristianos apretaban cada vez más el cerco ante Granada, pues los Reyes Católicos estaban decididos a acabar con el reino nazarí a toda costa y para ello, a principios de 1491, mandan levantar con piedras las murallas del Campo de Santa Fe, un campamento militar que llevaba años cercando a la ciudad de la Alhambra, para desde allí acosar definitivamente a los granadinos. En ese campamento, convertido en ciudadela, el día 25 de noviembre de 1491 se acuerdan las capitulaciones por las que Muhammad XI, último sultán de Granada, que pasaría a la historia como Boabdil, rinde la ciudad a los Reyes Católicos. La escenografía de esa rendición se representó el 2 de enero de 1492, cuando Boabdil entrega las llaves de Granada a Isabel y Fernando: el último estado musulmán que quedaba en la península pasa a formar parte del reino de Castilla.

Al-Yayyar así nos lo cuenta en sus anotaciones:

«… y el Señor de Castilla conquistó Granada en los días del invierno del año 897 (1492)…».

A partir de esos acontecimientos, y a pesar de que el mantenimiento de los usos y de la religión musulmana seguía asegurado para los mudéjares del reino, en la vida de nuestro alfaquí y de los habitantes de la *qarya* en general empieza a notarse un cambio provocado por la marcha de muchos de los miembros de la comunidad musulmana ***«allende los mares»,*** al norte de África. Ese éxodo, en algunos lugares, había dejado un vacío en la población que se estaba intentando aliviar con la venida de familias repobladoras cristianas a las zonas más despobladas, sobre todo en ciudades como Vélez y Málaga, que tras su rendición fueron completamente desalojadas de la población musulmana. En las zonas rurales la repoblación con cristianos fue menor; en el caso de la *qarya* Aqüita fue nula. Las nuevas autoridades empezaron a llevar a cabo una serie de reformas en los antiguos distritos para acomodarlos a la administración castellana, para lo cual pusieron en marcha lo que se conoce como los repartimientos, que afectó a todas las antiguas comarcas nazaríes.

El 22 de febrero de 1494 el corregidor de Málaga, Juan Alonso Serrano, se personó en Comares[VIII] con la intención de confirmar el deslindamiento y el reparto que se había hecho con las tierras de la antigua taha, que fueron distribuidas entre las cinco alquerías (Comares, Almáchar, Benamargosa, El Borge y Cútar), las cuales, al pasar a formar parte del reino de Castilla, se convierten en villas realengas dependientes administrativamente de la ciudad de Málaga.

En esos repartimientos se hizo patente la marcha **allende** de muchos de los antiguos habitantes de la taha, pues una gran cantidad de **heredades** quedaron vacantes y pasaron a ser propiedad de los reyes, heredades que posteriormente fueron entregadas a nuevos propietarios.

Buena parte de esas tierras vacantes se dieron al alcaide de Comares, Francisco de Coalla; otras se destinaron a cubrir, con los beneficios que producían, los gastos de la fortaleza donde el alcaide residía; y otras tierras se entregaron como **mercedes** a los nuevos colonos que se **avecindaron** en aquella villa, Comares, la única de la taha a la que llegaron unas cuantas familias de cristianos, doce en total. Finalmente, una cantidad considerable de heredades de la antigua taha se destinaron a conventos y órdenes religiosas con sede en Málaga y para disfrute de la ciudad misma. En Acuta o Cuta, que así es como se empezó a asentar el nombre de la villa en dichos repartimientos, también se entregaron heredades como mercedes a particulares en pago por servicios prestados a la Corona; de esa forma se premiaba a los musulmanes que más colaboraban con las autoridades para hacer posible la nueva situación. En la lista de esas concesiones no aparece ningún repoblador cristiano[27].

---

[27] *Repartimiento de Comares,* pág. 77. En el repartimiento se dice que *«a los moros vezinos de Cuta se ha de medir lo siguiente:»,* a lo que sigue una lista de treinta personas, todas mudéjares, a las que se les donan tierras.

El nombre de nuestro alfaquí tampoco consta en la relación de los afortunados que obtuvieron las mercedes reales, posiblemente porque por sus fuertes convicciones religiosas y políticas, que se dejan entrever en alguna ocasión en sus escritos, no sería muy dado a colaborar con los nuevos gobernantes. Sin embargo, a otro personaje de esta historia, con un talante marcadamente colaboracionista, sí le fueron dadas propiedades en el territorio de la antigua taha:

> *«Una casa de Çayde Lazquis en el dicho lugar del Borge que tiene Cidi Ali Dordux. Diz que por merced…*
>
> *Una viña y olivar y almendral y un huerto de Çaide Alazquis en Fegiomar que diz que tiene Cidi Ali Dordux por merced. Hala de mostrar»*[IX].

Ali Dordux, por **mercedes reales,** recibe una casa, una viña, un olivar, un almendral y un huerto en El Borge, propiedades que fueron en su día de un moro llamado Çaide Lazquis o Alazquis, al que, bien porque pasara **allende,** bien porque fuera capturado **«en deservicio»** de los reyes en alguna fase de la guerra, se le confiscan los bienes. En Cuta, el mayor beneficiado en los repartos de **mercedes reales** fue el alguacil, llamado **Abrahen Aluduen,** que obtuvo de la generosidad de los repartidores:

> *«Al alguacil (de Cuta) veinte cadaes en Sentar».*
>
> *«De un molino de azeyte que esta en el dicho logar tiene de cuatro partes las tres que pertenescian a sus altezas, e los moros Hamete Galib e Abrahen el Beldi e Hamete Leyduy tienen la una parte.…*
>
> *Una haça en Bulillas que hera de Almoleyqui, que cabra en ella hasta ocho cadaes.*
>
> *Otra haça en Fadin Alhamar que era del dicho Almoleyqui.*
>
> *Otra haça en Alaguarid en Bulillas que era del dicho Abraen Atagari, que ay en todas tres haças seys fanegas de sembradura»*[X].

Esta cantidad de **mercedes** que recibe el alguacil tiene su porqué: los representantes del Estado en las pequeñas poblaciones en época nazarí siempre fueron los alguaciles, y las nuevas autoridades castellanas recurrieron a ellos para seguir controlando a la población. Si el antiguo alguacil era receptivo y se avenía a la colaboración recibía premios y regalos importantes; si no lo era, se nombraba otro en su lugar. En contrapartida a esos premios, los alguaciles se encargaban de investigar e informar, por ejemplo, de los bienes y propiedades de la gente que se había marchado **allende,** que pasaban a ser propiedad de la Corona; de las posesiones de los que se quedaron, para poder cobrarles los impuestos correspondientes; e incluso se encargaba de denunciar a los poseedores de armas o cualquier otra actividad que estuviese prohibida por las nuevas normas. Estos alguaciles eran auténticos espías e inquisidores de sus conciudadanos mudéjares[XI].

El alguacil de Cuta desde un primer momento colabora en la elaboración del repartimiento, puesto que lo primero que solicita el corregidor Alonso Serrano[XII] al llegar a Comares es información sobre los bienes que pertenecen a la Corona y que están distribuidos por las cinco nuevas villas. Abrahen Aluduen acude, junto con ocho **moros viejos,** para facilitarle toda la información relativa a Cútar, y lo mismo hacen los alguaciles de las restantes villas. Dos intérpretes, Diego Navarro por un lado y Ali Ablicin por otro, se encargan de traducir, del **arábico al castellano** y viceversa, todo lo que se dice para facilitar al escribano el asiento de los deslindes y repartos de las tierras. El intérprete moro que intervino en los deslindes, Ali Ablicin, es otro mudéjar natural de Acuta que colaboró activamente con los castellanos en todas las fases de los repartimientos, además de en otro acontecimiento que tuvo lugar en **la dicha villa.**

El 26 de febrero de ese mismo año, cuatro días después de haber comenzado el repartimiento, Alonso Serrano se encontraba en Cútar tomando declaración a los testigos de un caso que enfrentaba a los vecinos mudéjares de El Borge contra su alguacil, Abdala Alfonellas, por un extraño episodio de adulterio en el que se vieron implicados varios vecinos del pueblo. Estos se confabularon y acudieron al cadí mayor de la tierra de Málaga, Ali Dordux (por tratarse de un tema de justicia entre mudéjares), que destituyó al alguacil Alfonellas, nombrando a otro en su lugar. Tras la toma de declaraciones, Alonso Serrano desautorizó a Dordux y restableció al antiguo alguacil en su puesto, pues consideró que el nombramiento de alguaciles no era competencia del cadí, sino del rey:

> *«… en veynte y seys de febrero del dicho anno de 1494, estando el dicho sennor corregidor en Acuta, en la mezquita mayor del dicho logar, estando por ynterpretes Diego Navarro e Ali Bliçimi, parecieron ante el dicho señor corregidor el dicho Abdala Alfonellas e ciertos moros del dicho logar…»[XIII].*

Así pues, Muhammad al-Yayyar en esta ocasión tuvo que ejercer de anfitrión por ser el imán de la mezquita, recibiendo a la numerosa comitiva que seguiría al corregidor en sus desplazamientos por la comarca; aquí se vería en una situación «rara», por así decirlo, pues como alfaquí y, por lo tanto, juez de lo mudéjar, vería cómo un cristiano le quitaba sus competencias e impartía justicia entre mudéjares y para más escarnio en su propia mezquita.

Los primeros meses de ese año fueron para nuestro alfaquí algo intensos, pues, además de ese acto que se produjo en su mezquita, fue testigo directo de un terremoto que se produjo en Málaga y que afectó a buena parte de la costa y del interior de la provincia. Así lo dejó escrito:

> *«Hubo en al-Ándalus un terremoto la noche del lunes, 20 de rabi al tani del año 899 (28 de enero de 1494) y se destruyeron en Málaga 150 casas»[XVI].*

El hecho de que al-Yayyar mencionase los daños que ese terremoto produjo en Málaga y no los que provocó en Comares y Cútar, localidades que también se vieron afectadas, hace pensar que en el día en que se produjo el terremoto el alfaquí se hallaría en la ciudad, siendo, por tanto, testigo directo del mismo. Un dato importante a tener en cuenta es la fecha del seísmo, ya que los pocos documentos castellanos que mencionan el desastre lo datan el día 26 de enero[XV], mientras que al-Yayyar lo sitúa en el 28. Si, como suponemos, el alfaquí vivió en primera persona el desastre y lo anotó con la minuciosidad que solía poner en las fechas, quizás sea hora de actualizar esos datos históricos y tener en cuenta los que él aporta.

El terremoto fue de grado VIII en la escala MSK[XVI], lo que supondría daños considerables en las localidades afectadas, entre las que hemos dicho que se encontrarían Comares y Cútar. En Málaga fue donde se produjeron los mayores daños, viéndose afectadas tanto las murallas de la ciudad como la alcazaba, pero, como nos dijo el alfaquí, los edificios que más sufrieron fueron las casas particulares:

> *«En las casas de los vezinos tanto daño uvo i tan univemal, que ninguno quedó sin mucha parte, e muchas todas, e las que quedaron, quedaron todas tanto atormentadas que de continuo caen a partes. E quedó la gente espantada e descontenta desta gibdad e de su vivienda por aver visto tan supito tanto daño»[XVII].*

Pasan unos años en los que el alfaquí no anota nada nuevo en sus cuadernos hasta que de repente, en los últimos meses del siglo XV, empiezan a llegar noticias preocupantes desde Granada: bautismos, revueltas y represión son una serie de circunstancias encadenadas que llevarán, en poco tiempo, a lo que históricamente se conoce como la **conversión general.**

Todo comienza cuando el cardenal Cisneros, arzobispo de Toledo e inquisidor, llega a Granada y decide que los **elches,** cautivos cristianos que durante su cautiverio se hicieron musulmanes, debían volver a su antigua religión, al catolicismo, por lo que les obliga a ser bautizados junto con sus esposas e hijos. El 18 de diciembre de 1499 la población mudéjar del barrio del Albaicín se rebela en contra de esa imposición y es duramente reprimida. Finalmente, los rebeldes obtienen el perdón por el levantamiento, pero a cambio de recibir ese perdón se les obliga a renunciar al islam y a convertirse al cristianismo. En Granada y en la vega se llevan a cabo bautismos masivos de mudéjares, que se prolongan hasta febrero de 1500[XVIII].

Mientras tanto, algunos fugados del Albaicín habían llegado a la Alpujarra y consiguen, el 8 de marzo, que los alpujarreños se levanten en armas contra las autoridades castellanas; esto provoca que el rey Fernando se desplace hasta allí al mando del ejército para reprimir el levantamiento. Tras recuperar Lanjarón y Andarax, los rebeldes aceptan deponer las armas, obligándose a pagar una indemnización de 50.000 ducados al rey a cambio de poder mantener su religión.

Al inicio de estas revueltas del Albaicín y de la Alpujarra, los reyes escriben cartas a Ali Dordux y a los alguaciles de los pueblos mudéjares de la **Ajarquía, Garbía y Serranía de Ronda** para tranquilizarlos y desmentir el rumor que circula entre la población de que tienen la intención de obligarlos a cambiar de religión. En carta fechada el 26 de enero de 1500 los monarcas les dicen a los mudéjares de Málaga que estén tranquilos, que su intención no es obligarlos a renunciar a sus creencias por la fuerza:

«Nuestra voluntad nunca ha seydo ni es que ningund moro tomen christiano por fuerça»[XIX].

En realidad, y a pesar de ese mensaje tranquilizador, lo que quieren es que lo hagan voluntariamente.

En junio y julio de ese año Isabel y Fernando trasladan la corte de Sevilla a Granada y llaman a su presencia a alguaciles, alfaquíes y personajes importantes de todas las comunidades mudéjares del antiguo reino nazarí y allí les dan cuentas de las condiciones en las que se llevaría a cabo la conversión «voluntaria». El resultado de esas negociaciones entre los Reyes y los mudéjares son una serie de nuevas capitulaciones, tratadas individualmente con los representantes de cada comarca o zona geográfica, que culminan con el bautismo general de todo el pueblo musulmán del reino de Granada. Entre las escasas capitulaciones que se conservan está la de Comares[28] y su tierra, en la que se incluye al pueblo de Cútar.

Como en otras ocasiones, en Granada los reyes se basan en una nueva política de halagos y dones hacia los personajes allí presentes para conseguir atraerlos a su causa.

Los regalos y prebendas comenzaron a darse allí mismo, en la corte. Solo en vestir a los 32 representantes de la Axarquía, entre alguaciles y demás personajes destacados allí presentes, los reyes se gastaron 68.693 maravedíes

> *«… por las sedas e paños… que han dado a çiertos alguazieles e alfaquíes e otras personas moros que se convertieron a nuestra santa fe católica»[XX].*

Pero eso no fue lo único: a los alguaciles que aceptan la conversión se les ratifica en sus cargos, que pasan a ser de por vida, y se les concede sueldo y exención de impuestos, además de mantener todas sus posesiones anteriores. Por otro lado, a los alfaquíes que se bautizan se les mantienen los sueldos y pensiones de que gozaban anteriormente, aunque ya no puedan desempeñar sus funciones de jueces y notarios de los mudéjares al quedar sujetos, como cristianos nuevos o moriscos, a la justicia castellana. Son esos personajes destacados de cada comunidad los que se encargarán de convencer a sus convecinos de los «beneficios» de la conversión.

Los musulmanes se ven ante la disyuntiva de o bien aceptar las capitulaciones y bautizarse para poder continuar viviendo en sus residencias, manteniendo sus costumbres con una cierta normalidad, o no aceptarlas, lo que les obligaría a abandonar todo lo que poseen para marchar al norte de África, a tierra de moros. Una tercera op-

---

[28]   En el Archivo Ducal de Medinaceli se conserva la capitulación para la conversión de la villa de Comares y alquerías de su distrito: Benamargosa, Cútar, El Borge y Macharalayate.

ción, escogida por muchos, fue la de embarcarse de nuevo en una *yihad,* en una guerra santa.

Los mudéjares de la comarca de la Axarquía de Málaga y de la tierra de Vélez optaron mayoritariamente por la primera opción, la aceptación pacífica del bautismo con todas sus consecuencias, pero en la Serranía de Ronda, tierra de Marbella y Sierra Bermeja se produce un levantamiento casi general de la población:

> *«En el mes de Enero de 1501, estando la corte en Granada, alborotáronse los moros de Sierra Bermeja e de las comarcas de Ronda, e alzáronse para se defender o pasarse allende, antes que no ser christianos…».*

Los reyes envían tropas para sofocar la rebelión, pero el 16 de marzo de 1501, en una desgraciada acción de guerra,

> *«… quedaron allí muertos don Alonso de Aguilar e otros, más de ochenta onbres, escuderos e caballeros e alcaides, onbres de bien…»*[XXI].

La muerte del señor de la Casa de Aguilar obliga al rey Fernando a desplazarse desde Granada hasta la zona del conflicto a entablar negociaciones con los rebeldes, consiguiendo que renuncien a las armas a cambio de ser embarcados para África, a donde tienen que marchar con lo puesto, pues no se les deja que lleven nada de valor.

Aunque la aceptación del bautismo en Cútar fue pacífica, algún que otro cutareño se unió a los rebeldes de Ronda, como demuestra el hecho de que un vecino de Cútar pagase el rescate de uno de los prisioneros hechos por los cristianos en aquella ocasión[XXII], posiblemente un familiar del rescatador.

El alguacil de Cútar es uno de los que se convierte al cristianismo en el mes de septiembre de 1500, recibiendo en el bautismo el nombre de Rodrigo de Coalla y manteniendo el *«alguazilazgo de Cuta y franqueza de pedidos»*, una especie de exención de impuestos, además de los regalos que dieron los reyes en Granada. Es curioso que el apellido que adopta en el bautismo sea el de Coalla, pues es el mismo que eligen el alguacil de Comares, que se empieza a llamar Francisco de Coalla; y el de Almáchar, Gonzalo de Coalla. Esto parece que es debido a que los nuevos conversos solían adoptar el nombre del cristiano viejo más importante con el que tenían contacto, y recordemos que el alcaide de Comares de aquellos tiempos se llamaba Francisco de Coalla, posiblemente el padrino en el bautismo de esos nuevos cristianos[XXIII].

Por otro lado, el alfaquí e imán Muhammad al-Yayyar se ve de golpe desposeído de todas sus funciones: en la mezquita queda prohibida la práctica de su religión y sus convecinos quedan sujetos a la justicia cristiana, desapareciendo el personaje de juez civil de lo mudéjar que ostentaban los alfaquíes. Además, las funciones de notario que llevaba aparejadas el oficio de alfaquí también se eliminan al crearse una escribanía pública en Comares, según quedaba estipulado en las nuevas capitulaciones. La nueva situación a la que se ve abocado, tanto él como el resto de la nación mudéjar, le hace escribir este mensaje en el que muestra sus sentimientos:

> *«(El señor de Castilla) … rompió el pacto y bautizó a la gente de Granada a primeros de yumada al-ula, que equivale a mitad del mes de duyanbir (diciembre) del año 905 (1499-1500). ¡Dios Altísimo los haga perecer y los trate de la manera como sólo alguien que es digno y capaz lo puede hacer! Fue al atardecer de un viernes»*[XXIV].

En esta reflexión queda claro qué opinión tenía de los promotores de la conversión a la que se veía forzado, pues al alfaquí no le quedaba más remedio que aceptar el bautismo o huir **allende.** Qué eligió hacer es imposible saberlo, aunque algo que escribió al terminar de copiar el poema que encabeza el libro II, un poema en el que se menciona el día del juicio final y el fuego del infierno, además de aparecer un recuerdo hacia Granada, a la que llama *«Granada, la blanca y perdida»*, nos puede dar una pista:

*«Se terminó el día 1 del mes de rabi primero, del año de la tiranía
y la asimilación, la escribió el siervo Muhammad b. Alí al-Ansari»[XXV].*

Para la traductora de este párrafo, la doctora Calero, el **año de la tiranía y la asimilación** no puede ser otro que el de 1501, en el que se dio por concluida la conversión general, mientras que para Ana Labarta y Carmen Barceló, que han estudiado el poema, el colofón lo traducen así: «*... en la mañana del domingo del mes de rabi, primero (de un año) tiránico y maldito»[XXVI]*, y suponen que la fecha es la de la conquista de Granada, 1492. Si aceptamos como cierta la opinión de la doctora Calero, podemos afirmar que al-Yayyar sufrió personalmente la conversión, puesto que oficialmente, y según una pragmática del 20 de julio de 1501, en los primeros meses de ese año ya no quedaba ningún rastro del islam en el reino de Granada:

*«No ay ynfiel alguno en el reyno de Granada porque todos los moros
que quedaron en el son convertidos a nuestra Santa fe católica»[XXVII].*

El 12 octubre de 1501 otra orden de los castellanos hace que al-Yayyar tome una decisión importantísima para el desarrollo de esta historia y que marcaría un hito en el futuro de la villa. Los corregidores, alcaides y alguaciles de todos los lugares del reino comunican a los moriscos que en el plazo de treinta días desde el anuncio de la orden:

*«... traygan ante vos, las dichas nuestras justicias, todos los libros que
en vuestra jurisdición estuvieren, syn que ninguno quede, del alcorrán ni
de la seta mahomética, e los fagáys quemar públicamente syn que dellos
les quede cosa alguna, so pena que aquel que toviere libro y lo encubriere
muera por ello e pierda todos sus bienes»[XXVIII].*

Al conocer esta orden el alfaquí de Cútar se vio sin duda ante una dura decisión: entregar sus libros y verlos arder en la hoguera o hacer lo posible por salvaguardarlos aunque al hacer esto pusiese en serio peligro su vida. Desde luego, la primera opción no podía ser admitida por él. Salvar su Corán, su libro sagrado, y sus otros dos volúmenes, en los que había invertido tanto tiempo y que llevaban anotados los momentos más importantes de su vida, bien valía correr el riesgo.

En la pared del patio de su casa, en una pequeña alacena, colocó sus libros con mucho cuidado y los cubrió totalmente con paja para que al cerrar la alacena con ladrillo la pared no sonara a hueco, y allí dejó sus tesoros. Nunca se sabrá si pensaba recuperarlos algún día, ni siquiera si el alfaquí permaneció algún tiempo, después de emparedar los libros, viviendo en aquella casa y en aquella *qarya,* pero sí sabemos que su intención de salvar su biblioteca se vio cumplida.

Su Corán, restaurado y remozado, se ha convertido en regalo que une naciones, pues recordemos que un facsímil, una copia exacta del libro del humilde alfaquí, fue entregado en el año 2009 por parte de Junta de Andalucía al reino de Marruecos; los otros dos libros están a disposición de los estudiosos en el Archivo Histórico Provincial de Málaga y al alcance del público en general en la publicación que aquí se ha citado continuamente, ***Los manuscritos nazaríes de Cútar.***

Cuando Muḥammad b. ʿAlī b. Muḥammad al-Ŷayyār al-Anṣārī terminó de copiar los hadices del Profeta, incluidos en el libro II, dejó como colofón una frase que sería profética sin él saberlo:

> *«Se terminó (de copiar) la mañana del lunes, 7 del mes de muharran que abre el año 898 (29 de octubre de 1492) de mano de quien lo escribió, el siervo, el débil y el que espera la misericordia de Dios y el perdón de sus pecados, Muḥammad b. ʿAlī b. Muḥammad al-Ŷayyār al-Anṣārī. Lo escribió para él de su puño y letra y para quien Dios quiera después de él. Dios lo perdone a él y a sus antepasados»*[XXIX].

Lo que al-Yayyar no pudo contarnos

La forma de vida de los moriscos o cristianos nuevos, enfrentados de golpe a la nueva situación provocada por el bautismo forzoso, debió de ser complicada, pues, aun suponiendo que algunos mudéjares aceptaran la conversión de forma voluntaria y sincera, la inmensa mayoría se vieron obligados por las circunstancias, derrotados y puestos en la disyuntiva de hacerse cristianos o abandonar su país, su tierra, en la que sus antepasados llevaban viviendo ochocientos años.

Pero a pesar del apego a su tierra, muchos moriscos que en un principio se quedaron aquí acabaron por no soportar las vejaciones y la continua vigilancia de la que eran objeto por parte de las autoridades castellanas, por lo que en cuanto tenían ocasión se fugaban al norte de África en barcos de piratas berberiscos o turcos, a los que entregaban buena parte de sus bienes para poder realizar el viaje. Mientras, los que no tenían más remedio que quedarse porque no podían costearse el pasaje optaban por acomodarse a la nueva situación empleando la *taqiyya,* el «disimulo», una forma de actuar aceptada por la tradición musulmana que permitía al creyente llevar una especie de doble vida, apareciendo en público como cristiano aunque en privado siguiera practicando los ritos y las tradiciones del islam.

La *taqiyya* se practicó entre los moriscos desde el principio de la conversión, y de ello eran conscientes las autoridades castellanas; estas dudaron desde un principio de la sinceridad de los moriscos, pero esperaban que con el tiempo y la acción evangelizadora de la Iglesia acabarían convirtiéndose en buenos cristianos. Hasta el mismo rey Fernando el Católico creía posible esa transformación: tras la rendición de los rebeldes de la Serranía de Ronda les dijo a los miembros de su consejo, partidarios de ajusticiar a todos los vencidos, que quizás en el momento de su bautizo esos hombres no serían cristianos, pero sí lo serían sus hijos o sus nietos:

«Mi voto y el de la Reyna es, que estos moros se baptizen, y si ellos no fuessen christianos, séranlo sus hijos, o sus nietos»[XXX].

Pero tras la muerte de los Reyes Católicos y bajo el reinado de doña Juana, conocida como la Loca, el método que eligen los castellanos para lograr la transformación de la mentalidad de los moriscos es intentar eliminar la práctica, e incluso el recuerdo, de todas las tradiciones religiosas y culturales de los antiguos **moros.** Este método de anulación cultural ya tuvo un precedente en la medida que se tomó allá por 1501 y que ya vimos: la quema de libros de la ***«seta de moros».*** En aquella ocasión se libraron de la hoguera los libros de medicina, filosofía, matemáticas y crónicas históricas escritas en lengua árabe, pero las obras que se salvaron entonces tenían poco futuro.

Es a partir de 1511 cuando se dicta toda una serie de normas represivas en contra de los cristianos nuevos, con las que se acaban destruyendo definitivamente los acuerdos reflejados en las capitulaciones que se firmaron en el momento de la conversión: ahora se les prohíbe vestir con las ropas tradicionales moriscas, se castiga sobre todo llevar las **almalafas,** el tradicional pañuelo con que las mujeres se cubrían el rostro; queda prohibido el uso de los ***hammán,*** los baños tradicionales árabes; no solo se les prohíbe a los carniceros moriscos matar a los animales según el ritual musulmán, sino que ahora estos animales deben ser sacrificados por carniceros cristianos viejos; en las bodas y bautizos de moriscos los padrinos deben ser, obligatoriamente, cristianos viejos; los moriscos ya no pueden repartir las herencias al modo tradicional musulmán, como venían haciendo hasta ese momento, sino que deben hacerlo según las leyes castellanas; se les prohíbe vender sus bienes y propiedades libremente, una forma de evitar que utilicen el dinero obtenido con la venta para fugarse **allende;** todos los libros en lengua árabe deben ser entregados a un censor para ser revisados y determinar el fin de cada uno de ellos (un gran número de libros acaba, de nuevo, en la hoguera); los moriscos no podrán poseer armas y por último, como colofón, en 1525 se prohíbe en todo el reino el uso hablado y escrito de la lengua árabe[XXXI].

Todos estos ataques a la identidad tradicional de los moriscos acaban produciendo un aumento de la deserción, de la huida de una gran mayoría de la población. En nuestra Axarquía, en 1507 se producen fugas masivas desde Benamocarra, Iznate, Cajiz, El Borge, Macharaviaya y Benamargosa, así como de Frigiliana y Almayate, que casi se quedan despobladas en esas fechas. Unos años más tarde, entre 1508 y 1513, toda la población de Maro y Lagos abandona dichas alquerías[XXXII]. El destino final de toda esa población es incierto, aunque la mayoría intentaría pasar **allende,** mientras que los que no lo logran se refugian en las comarcas montañosas, iniciando una vida de desterrados o salteadores de caminos, los conocidos en la historia como **monfíes.**

La dificultad que encuentran los castellanos para hacer cumplir todas las normas represoras enumeradas hace que Carlos V se replantee su puesta en marcha y en 1526 las deja en suspenso, relajando un poco la presión sobre los moriscos y permitiéndoles conservar sus costumbres temporalmente; pero la susodicha represión ya había creado una barrera entre las dos culturas que sería insalvable en el tiempo. La asimilación cultural pretendida con la conversión nunca se produjo y cuando Felipe II llega al trono en 1556 de nuevo echa mano de las antiguas prohibiciones, con lo que las costumbres del pueblo morisco se ven otra vez amenazadas, dando comienzo una especie de guerra fría entre las dos culturas que culmina con el conflicto armado conocido como guerra de las Alpujarras.

En esta época de transición, entre 1526 y 1556, unos años de relativa tolerancia, la forma de vida en nuestra antigua *qarya,* ahora villa realenga, no habría cambiado mucho desde la época mudéjar, pues es muy posible que los vecinos de la villa fuesen todos moriscos. No consta en ninguna documentación conocida la presencia en la villa de repobladores cristianos viejos en los primeros cuarenta años de ese siglo a pesar de que desde 1505 se tenía previsto, como se verá más adelante, que como mínimo un beneficiado y un sacristán tenían que hacerse cargo de la evangelización de la recién creada parroquia. Lo que sí vendrá a alterar notablemente la vida en el pueblo es el inicio de la construcción de la nueva iglesia en 1553, que traería consigo la llegada de una gran cantidad de obreros especializados, alarifes y carpinteros, además de los visitadores oficiales del obispado de Málaga, que inspeccionarían regularmente el desarrollo de las obras. Con la finalización de la construcción de la iglesia llegarían al pueblo para quedarse los primeros clérigos con sus familias y criados. Esos serán los únicos cristianos viejos viviendo en un pueblo de moriscos, puesto que en la década de los 60 del siglo XVI en diversos censos aparecen solamente dos familias de cristianos viejos frente a las 143 familias[XXXII] que se reconocen como población morisca de Cútar en 1560.

En Comares, sin embargo, la presión de los castellanos sobre los moriscos sí se hizo notar, sobre todo en el ámbito religioso. La evangelización esperada en el momento de la conversión no fue posible en una primera etapa, posiblemente por la indiferencia que mostraron los obispos de Málaga hacia los pueblos de moriscos, a pesar de que Comares contara con iglesia y personal religioso desde mucho antes de la conversión general.

Los moriscos tenían la obligación de acudir a misa diariamente y los de Comares no lo hacían; pero es que los encargados de llevar a cabo los oficios religiosos, curas y beneficiados, tampoco estaban presentes. Durante 1535 los dos beneficiados destinados en Comares estuvieron ausentes de la villa trescientos días[XXXIII], por lo que las actividades religiosas no se pudieron llevar a cabo. Conocedor de esas ausencias, muy comunes en las parroquias de la diócesis, el obispado trata de solucionar ese absentismo laboral de los religiosos y también «incentivar» la presencia en la iglesia de los moriscos castigando con el pago de multas tanto a unos como a otros y se crean así los padrones de asistencia. Los dirigentes de la Iglesia de Málaga se ve que por esos años ya tenían perdida la fe en la evangelización de los antiguos musulmanes, ahora cristianos nuevos, pues a partir de 1547 cambian sus prioridades: en lugar de enseñar la doctrina cristiana a los moriscos, centran todos sus esfuerzos en cobrar las **penas del padrón**, empleando para ello la fuerza y el castigo.

Esa forma de obligar a los moriscos a acudir a la iglesia tuvo poco éxito, pues en Comares continuaron sin asistir a misa, como lo demuestra el hecho de que en 1563 se recaudaron por **penas del padrón** 3.689 maravedíes y años más tarde, en 1568, ante la presencia del visitador general del obispado, se observa la falta de 66 de los 170 vecinos del pueblo a los oficios religiosos. Los ausentes son castigados con el pago de una multa de dos reales por cabeza[XXXIV].

La rebelión de los moriscos

Las aguas del Mediterráneo, llenas de piratas turcos y berberiscos que continuamente daban golpes de mano a las poblaciones de la costa, robando y capturando cautivos cristianos que eran llevados a los puertos del norte de África para ser vendidos como esclavos; las montañas del interior, llenas de monfíes, organizados en cuadrillas de treinta o cuarenta hombres al mando de un capitán que asaltaban, robaban y mataban en los caminos a todo cristiano viejo con el que se tropezaban; los pueblos de moriscos que prestaban su ayuda tanto a piratas como a monfíes, proporcionándoles información y refugio, y en cuyas casas la práctica de la religión musulmana era ya un hecho poco disimulado y conocido por el Santo Oficio, que aumentó de forma considerable los juicios contra moriscos por herejía. Ese era el panorama que presentaba el reino de Granada cuando Felipe II comenzó su reinado en 1556[XXXV].

Como ya se dijo, Felipe II recupera las ordenanzas aplazadas por su padre en 1526 y para ello lanza una pragmática el 1 de enero de 1567. En la pragmática echa mano de las antiguas disposiciones, conservando algunas intactas, mientras que a otras las «actualiza» de la siguiente manera: se obliga a los moriscos a aprender el castellano en un plazo de tres años. Finalizado dicho plazo, el árabe no podrá ser hablado ni escrito, ni en público ni en privado; los contratos escritos en esa lengua serán nulos; en las fiestas de moriscos no pueden cantarse **zambras** ni **leilas**[29], ni tocar con instrumentos moriscos; los baños públicos son derruidos y, por último, se les prohíbe a los moriscos tener esclavos.

De la vigilancia del cumplimiento de todas esas normas se ocupaban los oficiales del Santo Oficio, que investigaban y sancionaban a los moriscos por las faltas cometidas. Como para muestra basta un botón, decir que en una visita del inquisidor Martín de Coscojales a Casarabonela, en 1568, se investigó y castigó a veinticinco moriscos y moriscas por *«faltas relacionadas con la manera de vestirse y degollar los animales, cantar leylas en bodas y echar suertes con habas»*. A los infractores se les castigó con multas de entre 400 y 4.000 maravedíes[XXXVI].

Todas esas medidas represivas alteran el ánimo de todos los moriscos del reino de Granada, que se resisten a perder las señas de identidad heredadas de sus antepasados musulmanes; pero lo que acaba definitivamente con la paciencia de los granadinos fue la orden de investigar sus propiedades, exigiendo a los moriscos la presentación de los títulos de propiedad de las tierras que poseían desde hacía generaciones. A todos aquellos que no pudieron presentar las escrituras en castellano (recuerden que los contratos en árabe se consideraban nulos), que fueron una inmensa mayoría, se les confiscaban las tierras, encontrándose sin nada de la noche a la mañana. Es a partir de ese momento cuando los moriscos de Granada empiezan a conspirar seriamente para rebelarse contra sus opresores[XXXVII].

La rebelión estalla en Béznar, valle de Lecrín, en la víspera de la Navidad de 1568 y al momento se le unen los moriscos de las tahas de Órgiva, Poqueira, Juviles y demás comarcas de la Alpujarra. Esta fue una guerra dura y sangrienta, que duró dos años, marcada por el fanatismo y el odio presente entre los dos bandos, que se desató sobre todo en las primeras semanas de lucha. Las víctimas principales entre los cristianos fueron los curas y sacristanes de los pueblos alpujarreños,

---

[29]   Según la RAE: *Zambra,* del árabe hispano *zánra.* Fiesta que usaban los moriscos, con bulla, regocijo y baile. *Leila,* del árabe hispano *láyla.* Fiesta o baile nocturno entre los moriscos.

ya que se contaron por decenas los que sufrieron tortura y muerte. Las iglesias, por su simbolismo religioso, también fueron blanco del odio morisco, pues muy pocas se salvaron del fuego. Por otro lado, cuando el ejército castellano, al mando de Juan de Austria, comenzó a cercar a los rebeldes hasta conseguir su rendición, también fue dejando una estela de ejecuciones, esclavitud y, por último, deportaciones masivas entre los moriscos, todo a una escala sin precedentes, nunca vista en las guerras anteriores[XXXVIII].

A Málaga la guerra llegó poco más tarde, en enero de 1569, cuando los moriscos de Istán se unen a la rebelión; poco después, en abril, lo hacen los de las antiguas tahas de Bentomiz y Frigiliana, que se hacen fuertes en el peñón de Frigiliana, donde resisten hasta que son derrotados en junio de 1569. De todas las comarcas malagueñas es en la tierra de Vélez donde más daños materiales causó la rebelión morisca. De las veintiuna iglesias existentes en la zona en aquellos años, catorce fueron asaltadas de diversa manera. La destrucción de la pila bautismal, de las campanas y de los archivos parroquiales fueron los daños más comunes en todas ellas. La iglesia de Cómpeta fue la que más sufrió, pues fue quemada y derribada en su totalidad[XXXIX].

Las villas de la taha de Comares no se unieron «oficialmente» a la rebelión y sus habitantes fueron considerados por los castellanos como ***«moriscos de paces»***; sin embargo, las autoridades castellanas tenían conocimiento de que muchos de los moriscos de la taha participaban activamente en la rebelión, ayudando a los de Bentomiz. El corregidor de Málaga escribió en 1570 una carta a su superior en Granada en la que exponía la situación en la Axarquía y donde expresaba la opinión que tenía sobre los moriscos de Comares:

«La tierra no se puede andar sin escolta de dia y de noche no hay salir hacia aquella parte, y dos leguas de Malaga matan y cautivan y llevan el ganado con el ayuda destos y pasan con ello entre los dichos lugares, a los moriscos rebelados de la Sierra de Bentomiz y les ayudar a robar los ganados, y a llevarlos a los moros de la dicha sierra, a los cuales dan

avisos de todo lo que aca pasa y se haze, todo lo qual hazen los moriscos de paz de los dichos lugares y despues de hecho se vuelven a sus casas…

…si en tiempo de sosiego se tenia ruyn opinion destos (de los moriscos de Comares) y agora la ay mayor por la ocasión y estar sueltos en el campo y cerca de los rebelados»[XL].

Quizá por esa ayuda encubierta a la rebelión los pueblos de la taha no se libraron de sufrir daños, sobre todo en las casas. En Cútar, por ejemplo, no quedó ninguna casa sin desperfectos a causa de la guerra, aunque esta, en teoría, no hubiese llegado al pueblo. Así, de las 110 casas habitadas[XLI] con las que contaba la villa en 1568, al finalizar la guerra 105 se encontraban sin puertas ni ventanas y había quince que estaban **seriamente maltratadas,** además de que un molino de aceite, propiedad de un cristiano viejo, fue derruido. Todos estos daños constan en un informe del corregidor de Málaga, Arévalo de Zuazo, que visitó la comarca en 1571, una vez acabada la guerra[XLII].

Pero el mayor daño que sufrió la villa de Cútar a consecuencia de la guerra fue el desalojo y destierro de sus habitantes, un destino que fue compartido por el conjunto de la población morisca del reino de Granada. Antes de terminada la guerra ya dio comienzo un éxodo que acabaría por movilizar a más de 50.000 moriscos de toda edad, sexo y condición, que fueron reunidos y deportados a otras localidades del interior del reino de Castilla[XLIII]. La decisión tomada por Felipe II de deportar a toda esa masa humana no hizo distinciones entre los **moriscos de paces,** como los de Cútar, que aparentemente no habían participado en la guerra, y los de Bentomiz y Frigiliana, que sí lo habían hecho.

La deportación

En marzo de 1570 un ejército de unos 5.000 hombres, al mando de don Antonio de Luna, se reúne en Canillas de Aceituno para llevar a cabo dos misiones: la primera era asegurar la sierra de Bentomiz y la tierra de Vélez, formando una especie de cordón militar que separase estas tierras de la cercana Alpujarra, donde todavía se luchaba, y alejar el peligro quitando de en medio a los moriscos derrotados del peñón de Frigiliana, enviándolos a presidio. La segunda misión consistía en reunir a los moriscos de Benamargosa, Comares, Cútar y El Borge para llevarlos **tierras adentro** de Andalucía, sacándolos del antiguo reino de Granada.

Después de realizada la primera misión, y con sus tropas reducidas a mil soldados debido a las deserciones y a los contingentes de tropas que tuvo que dejar en las guarniciones de Bentomiz y Frigiliana, don Antonio de Luna entra en la antigua taha de Comares:

> *«… y entrando en la Xarquía retiro los moriscos de los lugares sospechosos sin escandalo ni alboroto, porque los hallaron descuidados. A los del Borge retiro Arevalo de Çuaço, don Fabrique de Manrique a los de Comares, y don Antonio de Luna a los de Cútar y Benamargosa; los cuales caminaron la tierra adentro a diez y seis de março…»[XLIV].*

Los moriscos de esas villas fueron congregados en las iglesias, donde eran censados por familias completas, comprobando casa por casa que ninguno se quedaba atrás, para después iniciar la marcha. Partiendo de los distintos pueblos y escoltados por soldados castellanos, llegan en una primera etapa a Antequera, después a Osuna, para acabar finalmente en Sevilla, desde donde son repartidos entre Córdoba, el Aljarafe, La Algaba y las sierras de Aracena y Constantina[XLV]. Aunque no es posible seguir la pista de todos los cutareños que fueron deportados en esta ocasión, sí se sabe que al menos 31 familias de Cútar acabaron en La Algaba[XLVI], en las tierras del marqués del mismo nombre.

Esta primera saca, llevada a cabo el 16 de abril de 1570, no fue definitiva, pues se sabe que muchos moriscos se quedaron en la taha de Comares en aquella ocasión; sin embargo, en otra saca que se realiza en noviembre de ese año muy pocos moriscos se libran del exilio.

La manera en que se lleva a cabo es igual que la vez anterior: se lee un bando convocando a los moriscos en las iglesias y una vez reunidos y censados son «retirados con escolta» hacia su lugar de destino. El miércoles 1 de noviembre el corregidor de Málaga, Arévalo de Zuazo, se encarga de conducir a unos 4.000 moriscos de la Axarquía y sierra de Bentomiz al destierro. En grupos de quinientos y con una escolta de doscientos soldados cada grupo, los deportados llegan a Córdoba después de pasar por Antequera, y desde allí son llevados a tierras tan lejanas como Trujillo, Mérida o Badajoz[XLVII].

El destino de los moriscos de Cútar, en este segundo éxodo, se desconoce. Queda constancia de que a Llerena (Badajoz) llegaron los moriscos de El Borge y Comares, y que a Sierra de Gata (Cáceres) llegaron los de Almáchar y Benamargosa; sin embargo, la llegada de los de Cútar no quedó registrada en ningún lugar[XLVIII]. ¿Significa esto que todos los moriscos de Cútar fueron sacados en marzo? Quién lo sabe.

Lo que sí se sabe es que la consecuencia directa de las deportaciones fue la total despoblación de las villas de la taha, Cútar incluida, pues tan solo quedaron en las poblaciones *«dos onbres viejos de confianza y pláticos de la tierra»*[XLIX] por cada cincuenta casas, que serán los encargados, en el futuro, de ayudar a las autoridades a deslindar las haciendas y las casas propiedad de los moriscos desterrados, pues estas propiedades acabarán por ser expropiadas y pasarán a formar parte de los bienes de la Corona.

Por medio de una orden del rey, dada el 24 de febrero de 1571, a los moriscos implicados en la rebelión se les confiscan todos sus bienes y haciendas, que se incorporan al **Real Patrimonio de Su Majestad;** a los moriscos de **paces,** que no habían intervenido en la revuelta, pero que habían sido igualmente expulsados del reino de Granada, se les expropian sus propiedades, que también entran a formar parte del patrimonio real. Para gestionar todo ese «negocio» legal de bienes confiscados y expropiados, desde el 26 de diciembre de 1570 ya se habían dado en Madrid las **instrucciones de constitución del Consejo de Población.** En esta institución, que se establece en Granada, recaerá la responsabilidad de censar lo expropiado y de repartirlo entre los nuevos colonos, cristianos viejos, que se traen de todas las regiones de la península para llenar el hueco poblacional dejado en el reino de Granada por los moriscos deportados.

En una primera fase, desde el Consejo de Población se hace el inventario de los bienes y el deslinde de las parcelas expropiadas, que quedan registrados en los llamados **libros de apeo y repartimientos** de cada localidad; también se estudian las capacidades de cada pueblo para ver el número idóneo de repobladores que deben traerse para avecindarse en ellos y, por último, se da comienzo a la repoblación en sí[L].

La villa de Cútar vuelve a la vida con la llegada, entre 1571 y 1574, de sesenta nuevas familias de repobladores provenientes de diferentes lugares de la península, aunque la mayoría, 52 familias, vienen de la misma Andalucía, Sevilla sobre todo. Cuatro familias llegan a Cútar desde Extremadura, una familia llega desde Cataluña y de las dos restantes al avecindarse no se informa de su procedencia. Estas sesenta familias que entran a vivir en Cútar podrían suponer unos 270 nuevos habitantes, frente a los 450 o 500 que vivían en la villa antes de la deportación, una reducción bastante considerable de la población[LI].

Epílogo: la expulsión de los moriscos de España

El episodio final que protagonizan los moriscos, los últimos descendientes de la cultura musulmana en España, que fueron forzados a convertirse al cristianismo, pero que durante décadas se resistieron con uñas y dientes a olvidar sus raíces, se produjo treinta años después de la deportación antes narrada.

En los primeros años del siglo XVII el rey Felipe III toma la decisión de ejecutar una acción que llevaba tiempo rondando por las cabezas coronadas de los reyes que le habían precedido, pero que ni su padre, Felipe II, ni su abuelo, Carlos V, se habían atrevido a poner en práctica: la expulsión definitiva de todos los moriscos que quedaban en España.

Hacía ya más de un siglo que se aplicó la misma medida con los judíos, que tuvieron que abandonar su **Sefarad**[30] en 1492, expulsados por los Reyes Católicos. Ahora, en aras de la intransigencia religiosa que imperaba en la nación en aquella época y cuyo mayor representante era el Santo Oficio, la Inquisición, de tan mala fama en la historia de España, se obliga a los últimos descendientes de al-Ándalus a abandonar su tierra.

> *«Mandamos, que todos los Moriscos habitantes en estos Reynos, asi hombres como mugeres y niños, de qualquier condicion que sean, asi los nacidos en ellos, como los etrangeros, fuera de los esclavos, dentro de treynta dias salgan destos Reynos, y limites de España, contados desde el dia de la publicacion de esta ley; prohibiendo, como Prohibimos, que no puedan boluer à ellos, so Pena de la vida, y perdimiénto de bienes, en que desde luego incurran, sin otro proceso, ni sentencia»[LII].*

El 22 de septiembre de 1609 se lee públicamente en todas las ciudades y villas del reino de Valencia el bando que recogía la orden de expulsión, que después de ser aplicado en Valencia se traslada a las restantes regiones españolas. En Andalucía la orden de expulsión se publicaba en Sevilla el 17 de enero de 1610.

Desde los puertos de Sevilla y Málaga zarpa una gran cantidad de navíos cargados con moriscos andaluces camino del destierro. Marsella es el puerto al que se dirigieron muchos barcos con moriscos que se negaron a ir Berbería, a tierra de moros, pues preferían vivir como cristianos en tierras de cristianos; mientras que en el norte de África los dominios castellanos de Ceuta y Tánger fueron los principales puertos de destino para muchos de los expulsados.

Antes de finalizar el año unos 31.000 moriscos habían abandonado Andalucía desde esos puertos de Sevilla y Málaga[LIII], de los cuales más de 8.000 habían sido enviados hacia Ceuta y Tánger para adentrarse desde allí en el territorio marroquí. Los expulsados que se embarcaron

---

[30] Así era llamada España entre los judíos peninsulares.

hacia esos puertos africanos tienen que cargar con la tragedia añadida de separarse de sus hijos, pues, según se dispuso en el bando de expulsión, las niñas y niños menores de siete años cuyos padres se embarcan hacia Berbería serán separados de sus familias para permanecer en España, entregados en custodia a cristianos viejos, en los que recae la obligación de su crianza y de darles una formación religiosa católica.

Hubo algún que otro miembro de la nobleza que no estuvo de acuerdo con la decisión de expulsar a los moriscos y uno de ellos fue el marqués de la Algaba, en cuyas tierras estaban los moriscos desterrados años antes desde Cútar. El marqués incluso se atrevió a dirigir una carta al rey pidiéndole que reconsiderara su postura, aunque no se le hizo mucho caso:

«Señor, aunque es de creer que negocio tan grande, como el de la expulsión de los moriscos, se habrá mirado por las personas, a quien Vuestra Majestad lo mandó cometer antes de publicar los primeros y últimos bandos con la consideración a que obliga la gravedad de él, humildemente suplico a Vuestra Majestad se mire muy atentamente los inconvenientes que podrían resultar contra el servicio de nuestro Señor y el de Vuestra Majestad en el expeler a todos los que descienden de moriscos (…) los moriscos que había en mis tierras han salido ya y los de El Algaba están listados y en orden para hacerlo (…) En El Algaba, cinco de julio mil seiscientos y once años.

El marqués del Algaba y de Ardales»[LIV].

Esta carta de súplica de nada le sirvió al pueblo morisco ni tampoco al marqués, pues, como él mismo dice en su misiva, los de sus tierras y de La Algaba fueron expulsados igualmente. Estos, los expulsados, pidieron ser enviados a tierras de cristianos, pues no se fiaban de ir a Berbería, y fueron llevados a Marsella. Entre los cuatrocientos moriscos que salieron de La Algaba[LV] sin duda estarían los miembros de las 31 familias desterradas que llegaron desde Cútar en marzo de 1571.

Entre 270.000 y 300.000 moriscos salieron de España entre 1609 y 1613. Muchos de esos moriscos comenzaron a regresar clandestinamente a tierras españolas, arriesgándose a ser capturados y a ser condenados a galeras o incluso perder la vida, penas con la que se castigaba a los que regresaban de la expulsión. Aunque muchos de los que regresaron fueron capturados y castigados, es de suponer que otros muchos lograrían su objetivo y consiguieron seguir viviendo en esta tierra. No es una locura pensar que algunos de sus descendientes todavía siguen entre nosotros. Quién sabe, igual algún vecino que conoces o tú o yo mismo tengamos un origen morisco sin saberlo.

Notas y referencias bibliográficas empleadas en la primera parte

[I] Carmen Barceló. «Endechas por la pérdida de al-Ándalus en dos zéjeles de Cútar». Revista *Alcántara,* XXXIII, 2012, págs. 169-199. Carmen Barceló considera que el autor de los dos zéjeles por ella estudiados puede ser el mismo Muhammad al-Yayyar.

[II] *Ibidem,* pág. 188.

[III] Raúl González Arévalo. «Cautiverio y esclavitud en el reino de Granada (siglos XIII-XVI)». *Vínculos de Historia* 3, Granada, 2014.

[IV] *Los manuscritos nazaríes de Cútar,* pág. 51.

[V] *Ibidem,* pág. 47.

[VI] *Ibidem,* pág. 46.

[VII] *Repartimiento de Comares (1487-1496).* Transcripción e índices de Francisco Bejarano-Robles y estudio preliminar de Joaquín Vallvé Bermejo. Universidad de Barcelona, publicaciones del Departamento de Árabe, 1974.

[VIII] *Ibidem,* pág. 81.

[IX] *Ibidem,* págs. 77, 85.

[X] José Enrique López de Coca Castañer y Manuel Acién Almansa. «Los mudéjares del obispado de Málaga (1485-1501)». Actas del I Simposio Internacional de Mudejarismo, Teruel, 1981, pág. 319.

[XI] *Repartimientos,* págs. 1-2.

[XII] Manuel Téllez Laguna. *El Borge, un pueblo axárquico.* Editado por el Iltmo. Ayto. de El Borge, 1991. El autor recoge el documento n.º 84, que forma parte del apéndice documental del libro de J. E. López de Coca *La tierra de Málaga a finales del siglo XV.*

[XIII] *Los manuscritos nazaríes de Cútar,* pág. 47.

[XIV] César Olivera Serrano. *La actividad sísmica en el reino de Granada (1487-1531). Estudio histórico y documentos.* Madrid, 1989, pág. 27.

[XV] *Ibidem,* págs. 22 y 23: *«Las intensidades de los terremotos históricos suelen expresarse normalmente en la escala MSK (Medvedev, Sponheuer, Karnik), que cuenta con 12 grados de intensidad…. Grado VIII: Miedo y pánico general. La mayoría de las construcciones de ladrillo, adobe o tapial se caen. Daños graves en bastantes construcciones de mampostería o sillería. Grietas en el suelo de varios centímetros. Cambios en pozos y fuentes».*

[XVI] Martín de Roa. «Málaga, su fundación, su antigüedad eclesiástica y seglar, Año 1627». Fol. 71-72. Documento incluido en *La actividad sísmica en el reino de Granada (1487-1531).*

[XVII] José Enrique López de Coca Castañer. ***«La "conversión general" del Reino de Granada (1499-1501)»,*** en *Fernando II de Aragón, el rey católico.* Instituto Fernando el Católico, 1996.

[XVIII] José Enrique López de Coca Castañer. «La "conversión general" en el obispado de Málaga». *Chronica Nova* 21, 1993-1994, pág. 193.

[XIX] *Ibidem,* pág. 194.

[XX] Andrés Bernáldez. *Historia de los Reyes Católicos.*

[XXI] José Enrique López de Coca Castañer. «La "conversión general" en el obispado de Málaga». *Chronica Nova* 21, 1993-1994, pág. 219.

[XXII] Ángel Galán Sánchez. «Los moriscos de Málaga en tiempos de los Reyes Católicos». *Jábega* n.º 39, Centro de Ediciones de la Diputación de Málaga, 1982, pág. 57.

[XXIII] *Los manuscritos nazaríes de Cútar,* pág. 46.

[XXIV] *Muhammad al-Yayyar, un alfaquí a través de los manuscritos de Cútar,* pág. 399.

[XXV] Ana Labarta y Carmen Barceló. *Ṭawq al-Ḥamāma: un «muwaššaḥ» apocalíptico.* Estudios de literatura árabe, Universidad de Valencia, 2015.

[XXVI] Nicasio Salvador Miguel. *Cisneros en Granada y la quema de libros islámicos.* Universidad Complutense de Madrid, 1916.

[XXVII] *Ibidem,* pág. 165.

[XXVIII] *Los manuscritos nazaríes de Cútar,* pág. 55.

[XXIX] José Enrique López de Coca Castañer. *«La "conversión general" del* reino de Granada (1499-1501)», pág. 538.

[XXX] Ángel Galán Sánchez. *Op. cit.*

[XXXI] *Ibidem,* pág. 19.

[XXXII] Bernard Vincent. «Los moriscos granadinos, ¿una frontera interior?», en *El río morisco,* 2006, pág. 163.

^{XXXIII} Jesús Suberbiola Martínez. «*La quema de iglesias en la tierra de Vélez-Málaga durante la rebelión morisca de 1568*». *Baetica. Estudios de Arte, Geografía e Historia,* Universidad de Málaga, n.º 17, 1995, pág. 339.

^{XXXIV} *Ibidem,* pág. 342.

^{XXXV} Joaquín Gil Sanjuán. «Moriscos, turcos y monfíes en Andalucía mediterránea». *Baética. Estudios de Historia Moderna y Contemporánea,* S.l. v. 2, n.º 2, junio 2015.

^{XXXVI} Manuel F. Fernández Chaves y Rafael M. Pérez García. «Notas sobre la destrucción de las comunidades moriscas malagueñas y su reconstrucción en la campiña sevillana, 1569-1610». *AREAS. Revista Internacional de Ciencias Sociales,* n.º 30/2011, pág. 125.

^{XXXVII} A. Domínguez Ortiz. «El Antiguo Régimen: los Reyes Católicos y los Austrias», en *Historia de España* dirigida por Miguel Artola, tomo 3, Madrid, 1988, pág. 86.

^{XXXVIII} A. Domínguez Ortiz y Bernard Vincent. *Historia de los moriscos. Vida y tragedia de una minoría.* Madrid, Alianza Editorial, 1993.

^{XXXIX} Jesús Suberbiola Martínez. *Op. cit.,* pág. 349.

^{XL} Archivo General de Simancas, Cámara de Castilla, leg. 2153, f. 8. Arévalo de Zuazo a don Pedro de Deza, 17-II-1570, en *Notas sobre la destrucción de las comunidades moriscas malagueñas y su reconstrucción en la campiña sevillana, 1569-1610.*

^{XLI} Presentación Pereiro Barbero, en «Incidencia de la expulsión de los moriscos de la Axarquía. Aspectos demográficos y urbanísticos», *Baética. Estudios de Arte, Geografía e Historia,* n.º 11, 1988, pág. 413.

[XLII] Las estadísticas del informe de Arévalo de Zuazo están recogidas en el trabajo anteriormente citado (pág. 415) y son las siguientes: de «… *1.726 casas de la comarca axárquica, el 66,21% del total de las casas existentes: el 5,85% fueron quemadas, el 7,47% caídas o destruidas, un 17,96% maltratadas y al 18,71% le faltaban las puertas y ventanas. Almayate, Macharavialla, Cútar, Sedella, Rubite, Arenas, Algarrobo, Daymalos y Zuheyla no conservaron ninguna casa sin desperfectos. En Cómpeta, el 72,04% habían sido derrumbadas…*».

[XLIII] Juan Jesús Bravo Caro. *Felipe II y la repoblación del reino de Granada. La taha de Comares.* Universidad de Granada, 1995, pág. 168.

[XLIV] Mármol Carvajal. *Historia del rebelión y castigo de los moriscos del reyno de Granada,* libro VIII, capítulo IX, fol. 197. Biblioteca Virtual de Andalucía. Disponible en el siguiente enlace:

http://www.bibliotecavirtualdeandalucia.es/catalogo/es/catalogo_imagenesgrupo.cmd?path=86321

[XLV] Manuel F. Fernández Chaves y Rafael M. Pérez García. *En los márgenes de la ciudad de Dios: Moriscos en Sevilla,* págs. 149-150.

[XLVI] César Gutiérrez Moya. «Los moriscos de la Algaba en el siglo XVI», en actas del VIII Simposio Internacional de Mudejarismo: De mudéjares a moriscos, una conversión forzada, Teruel, 1999, pág. 689.

[XLVII] *Felipe II y la repoblación del reino de Granada. La taha de Comares,* pág. 171.

[XLVIII] *Ibidem.* Ver tabla 9 en pág. 172.

[XLIX] *Ibidem,* pág. 169. Cita extraída del Archivo Ducal de Medinaceli: Comares, legajo 14.

[L] Yolanda Quesada Morillas. «Los moriscos del reino de Granada: su expulsión y el consejo de población». *Revista Electrónica de la Facultad de Derecho de la Universidad de Granada*, 2008.

[LI] *Felipe II y la repoblación del reino de Granada. La taha de Comares*, pág. 179.

Bravo Caro propone en su trabajo una media de 4,5 personas por familia, pág. 192.

[LII] *Recopilación de las leyes destos reynos hecha por orden de su magestad don Felipe IV… Segunda parte de las Leyes del Reyno, Libro Octavo, Título II, folio 299v.* Impreso en Madrid en 1640.

[LIIII] Michel Boeglin, «La expulsión de los moriscos de Andalucía y sus límites. El caso de Sevilla (1610-1613)». *Cuadernos de Historia Moderna,* n.º 36, 2011.

[LIV] Carta del marqués de la Algaba a Su Majestad. 5 de julio de 1611. Archivo General de Simancas. Fondo Estado 232. Incluida en el apéndice documental de «La expulsión de los moriscos de Andalucía y sus límites. El caso de Sevilla (1610-1613)», de Michel Boeglin. *Cuadernos de Historia Moderna,* n.º 36, 2011, págs. 89-107.

[LV] Michel Boeglin. *Op. cit.*

CUADERNO 3º

SEGUNDA PARTE

CÚTAR: SUS ORÍGENES Y SUS LUGARES SINGULARES

Cútar, sus orígenes y sus lugares singulares

Como ye se mencionó anteriormente, en su trabajo *Al-Ándalus desde la periferia* Martínez Enamorado nos aporta una secuencia cronológica de varias localidades malagueñas en época andalusí; en ella nos dice que debíamos esperar hasta el siglo XV para encontrar las primeras noticias, escritas, de la *qarya* Quta.

Sin embargo, una afortunada casualidad hizo que en el año 2003 se descubriesen en Cútar los manuscritos de nuestro alfaquí al-Yayyar, que tan cuidadosamente ocultó y que llevaban quinientos años guardados en una pared. Martínez Enamorado conoció el hallazgo con posterioridad a la publicación de su trabajo, por lo que antes de esa publicación no tuvo oportunidad de saber cuál era el contenido de los libros, cuyo estudio seguro que habría cambiado las conclusiones expuestas en su libro.

A raíz del descubrimiento de los manuscritos de nuestro cronista y de su posterior estudio por parte de la doctora María Isabel Calero Secall[31], en 2016 se publicó el trabajo en el que se recoge el análisis y la traducción de los documentos contenidos en dos de los libros manuscritos de Cútar, además de presentar la reproducción fotográfica íntegra de sus páginas. Como no podía ser de otra forma, en uno de los libros del alfaquí se encontró la que podría ser la referencia escrita más antigua conocida, hasta la fecha, de la *qarya,* formando parte de un documento en el que se recoge el acta de la sentencia que sobre un litigio por una dote matrimonial dictaminó el cadí de Comares y Bentomiz.

---

[31] En colaboración con Esther Cruces Blanco, directora del Archivo Histórico Provincial de Málaga, y del equipo que se encargó de la restauración de los manuscritos, formado por Ana Díaz Sánchez y Sonsoles González García, se publica en 2016 *Los manuscritos nazaríes de Cútar,* Universidad de Málaga Publicaciones y Divulgación Científica.

El comienzo y el final de dicha acta dice así:

«Notifica quien da fe de este acta tanto como alfaquí, predicador, noble y prestigioso visir sayj de mérito y firmeza y toda la gente de la qarya Aqüta —¡Dios los apoye a ellos!— (…) escribió sobre esto y lo dijo 'Ubayd Alläh, cadí de la Axarquía de Málaga de Comares y de Bentomiz…»[1].

El cadí que dicta la sentencia parece ser que se trata de 'Ubayd Alläh b. Manzur, el cual se sabe que ostentó el puesto de cadí en la zona descrita durante las décadas centrales del siglo XIV, por lo que el litigio, y la redacción del documento en el que se recoge la sentencia, se desarrollaría alrededor del año 1350, sin poder precisar más, puesto que el acta no está fechada. Este es el documento «oficial» más antiguo conocido en el que se menciona la *qarya,* que aparece con el nombre de ***qarya* Aqüta,** y es, por consiguiente, el primer rastro histórico documentado que tenemos sobre el pueblo de Cútar.

Otros documentos históricos relacionados con nuestra población los encontramos a mediados del siglo XV, y son los que conocía el doctor Martínez Enamorado. Los nombres de ***qarya* Quta y *qarya* Aqüta** aparecen registrados en dos documentos dados a conocer, de nuevo, por la doctora Calero Secall[II]. Se trata de dos *fatwas[32],* fetuas, recopiladas por un jurista magrebí del siglo XV llamado al-Wansarisi en su obra ***al-Mi'yar al-Mu'rib,*** en las que se da respuesta a la consulta que los antiguos vecinos de la *qarya* realizan sobre un problema de índole religioso y social.

En la primera de ellas (con seguridad anterior a 1444, año en el que se sabe que se produjo la muerte del jurista autor de la fetua), los habitantes de la *qarya* Aqüta manifiestan que la alquería llamada **al-Zawiya,** La Zubia de la actualidad, se encontraba abandonada

---

[32]   Dictámenes jurídicos emitidos por un experto en la ley islámica o, como recoge la RAE: «Decisión que da el muftí a una cuestión jurídica».

y que los habitantes de la *qarya* **al-Zany,** identificada con Salto del Negro, habían reclamado hacía tiempo su derecho a quedarse con los bienes habices de la mezquita de aquella localidad. A resultas de que la misma al-Zany también se había despoblado, los de Aqüta estaban recogiendo los materiales de construcción aprovechables resultantes del estado de ruina en el que se encontraban las mezquitas de ambas alquerías. La consulta que realizaban los «aqute-ños» era si la recogida de materiales de esos edificios religiosos estaba permitida por la ley coránica. La respuesta del jurista y cadí supremo de Granada, Abu al-Qasim ibn Siray, máxima autoridad jurídica del reino nazarí, fue que si en las mezquitas abandonadas no se realizaba la oración **sí** se podían aprovechar esos materiales, con la única condición de que fueran reutilizados para las obras de otra mezquita.

En la segunda fetua (anterior a 1460) es el jurista Abu Abd Alla al-Saraqusti quien contesta a la consulta que los habitantes de la *qarya* Quta le hacen sobre el mismo tema: por la falta de medios, a la aljama de Quta le resultaba imposible restaurar su mezquita, por lo que solicitaban permiso para derruir lo que quedaba de la de al-Zany, donde **«no quedaba nadie desde hacía 60 años»,** y poder aprovechar así esos materiales. El jurista en esta ocasión les negó tal posibilidad, dictaminando que dejasen la mezquita de al-Zany en el estado de ruina en el que se encontraba, prefiriendo que se perdiesen esos materiales a que fueran aprovechados. Según la doctora Calero, este dictamen tan radical sigue a rajatabla la doctrina malikí que afirma que los materiales de demolición de una mezquita en ruinas no pueden venderse ni ser cambiados.

Estas dos fetuas, que se remontan al siglo XV, junto con el acta del siglo XIV que aportó al-Yayyar, son las primeras referencias historiográficas conocidas de la *qarya,* aunque podemos asegurar que el origen de la misma sea muy anterior a esos siglos. Para ello nos apoyamos en la existencia de un edificio ubicado a las afueras de la localidad y de los estudios que sobre él vienen realizando María

Angustias Cabrera Ortí y Carlos Vílchez Vílchez[33]. Nos referimos a la conocida como fuente árabe. Estos expertos en edificios históricos sitúan la posible construcción de la fuente árabe entre los siglos XII y XIII tomando como base el estilo constructivo del edificio, típico de la etapa histórica correspondiente a la dominación almorávide de la península. Además, afirman estos estudiosos que el edificio es, en realidad, una antigua rábita.

Como vimos, en las dos fetuas de al-Wansarisi aparecen, aparte del nombre de Aqüta o Quta, los nombres en árabe de dos alquerías que forman parte del actual término municipal de Cútar: al-Zawiya y al-Zany, La Zubia y Salto del Negro. Las dos fueron alquerías dependientes de la taha de Comares, aunque en el tiempo en el que se redactaron las fetuas se encontraban abandonadas. El nombre de la primera, Zawiya, nos da una pista muy importante de lo que debió de ser originalmente esta población, pues según Torres Balbás:

> *«Se llamaba zawiya en Berbería, y la misma acepción debió de tener esa palabra en la España musulmana, un edificio o grupo de edificios, construidos casi siempre alrededor de un sepulcro venerado, destinados a convento, escuela alcoránica y hospedería gratuita. En las zawiyas más completas había, pues, un pequeño oratorio con su mihrab, el sepulcro de algún santón, una sala para la enseñanza religiosa y una o varias habitaciones destinadas a alojamiento de huéspedes, estudiantes y peregrinos. También era frecuente la existencia de un cementerio destinado a las personas piadosas que deseaban reposar junto a la tumba del morabito»[III].*

Pues bien, las rábitas tenían unas características o funciones religiosas muy parecidas a las *zawiyas*. Los edificios llamados rábitas eran pequeños oratorios que se situaban generalmente en los alrededores de las poblaciones y en los que también se veneraban los sepulcros

---

[33]   María Angustias Cabrera Ortí y Carlos Vílchez Vílchez, pertenecientes, respectivamente, a los grupos de investigación de la Universidad de Granada Patrimonio Arquitectónico Andaluz, del Departamento de Historia del Arte; y al de Restauración de Monumentos-234, ETS de Arquitectura.

de santones allí enterrados, llamados morabitos en castellano, que habían vivido y enseñado en ese mismo lugar. Según nos cuenta Chavarría Vargas[IV], este nombre, morabito, desciende de la palabra árabe **murâbit** y comparte la misma raíz etimológica con **râbita,** rábita, y con **almorábit,** almorávide, la dinastía que surgió en el norte de África creando todo un imperio en el siglo XI. Este pueblo fue el responsable de que el culto popular a santones, no aceptado por los musulmanes más ortodoxos, se propagara por todo el Magreb y por la misma al-Ándalus, fomentando la aparición de las **tariqas** o **cofradías,** compuestas por seguidores de la corriente religiosa sufí. Este movimiento religioso lleno de misticismo se mantuvo en auge por estas tierras desde el siglo XII en adelante, iniciándose primeramente con los almorávides, continuando con los almohades y perdurando hasta el final del reino nazarí de Granada.

En torno a las *zawiyas* y las rábitas se crearon «instituciones» con los mismos fines religiosos, siempre relacionados con la tumba de la persona venerada que allí había vivido y enseñado. Los fieles de los alrededores acudían en peregrinación algunas noches, en fechas especiales del año como, por ejemplo, el nacimiento del Profeta, para venerar lo que ellos consideraban como lugares santos, siendo estos lugares la sede o, mejor dicho, el centro de reunión de las *tariqas* sufíes que se creaban alrededor de ellos, todo muy parecido a las romerías que se producen hoy en día en torno a ermitas cristianas, salvando, claro está, las debidas distancias culturales y religiosas.

Levantar un pequeño oratorio cerca de una pequeña población que aglutinaría el culto y la devoción de los fieles de la zona implicaría, por tanto, la participación de mucha gente.

Para llevar a cabo la construcción de una rábita, un edificio que podemos calificar como público, participaría toda la comunidad, unida por la cohesión que da una «sociedad» con objetivos comunes, dirigidos o guiados por una cierta autoridad. Si el edificio de Cútar que conocemos como fuente árabe, y al que así seguiré llamando, data de la época almorávide como afirman Cabrera y Vílchez, el inicio de la *qarya,* de donde surgiría la mano de obra que hizo posible su construcción, lo podemos situar como anterior al siglo XII sin temor a equivocarnos.

La falta de estudios arqueológicos de este monumento no permite hacer afirmaciones rotundas sobre su historia, ni la antigua ni la moderna, pero eso no nos impide saber con detalle cómo es el edificio en cuestión, además de conocer los estudios que sobre él se han editado y la importancia que para la localidad tuvo y tiene todavía. Esto es lo que se conoce de la antigua fuente árabe.

La fuente árabe

Situada al borde de la carretera de acceso al pueblo, a unos 250 metros de Cútar, es conocida por ser durante años el principal reclamo turístico de la localidad, además de haber sido la «justificación» oficial del nombre de Cútar, pues, según el historiador del siglo XIX Simonet Baca, ese nombre provenía del vocablo árabe *cautzar* o «fuente del paraíso».

Entre los años 1997 y 1998 se llevó a cabo una restauración de la fuente y su entorno a cargo de la Escuela Taller Comares-Cútar[34], en la que se mejoró bastante su situación, puesto que con anterioridad a esta actuación el estado de la fuente era preocupante: en la cubierta faltaba una cantidad considerable de los ladrillos que la componen, el enfoscado de los muros se encontraba caído en muchos puntos, el edificio no tenía ningún tipo de protección, por lo que las avenidas de tierra enterraban parte de sus muros, no había ningún tipo de pavimento alrededor de la fuente, etc. La restauración consistió sobre todo en la consolidación de los muros y la cubierta, en la construcción de una serie de muros perimetrales de contención y en el embellecimiento del entorno hasta conseguir el estado, más o menos aceptable, en el que se encuentra actualmente.

La fuente árabe es un pequeño edificio de planta casi cuadrada, de 3,40 × 3,34 metros de lado, que da cobijo en su interior a un aljibe excavado en la pizarra. Está construida con gruesos muros de 60 centímetros de ancho, en los que se combinan tramos de mampostería con ladrillos de barro cocido colocados en puntos singulares

---

[34] Los alumnos que realizaron el trabajo de restauración de la fuente fueron Rafael Alarcón Arcas, Irene Bandera Nieto, José Miguel Bandera Nieto, Dolores Gema Lozano Castro, Francisco Javier Martín Martín, Andrés Rey Ruiz, Sergio Román Marín y David Ruiz Mérida, siendo el que suscribe el encargado de dirigir las obras. Desde aquí un emotivo recuerdo para Sergio, al que un fatal accidente apartó de nosotros a la edad de dieciocho años.

como esquinas y jambas; los enfoscados están realizados con mortero de cal y arena. Los muros sustentan un tejado a cuatro aguas, solado con ladrillos colocados a juntas corridas y a «espiga», aunque con toda seguridad el tejado original sería de teja de barro.

Unos abombamientos en el centro de los cuatro vanos de la cubierta exterior dejan entrever la forma de la bóveda que cubre el interior de la fuente, bóveda que en su interior (el intradós) se apoya en los muros por medio de tres hiladas de ladrillo (la hilada central con el aparejo en pico de gorrión), que se apoyan a su vez en las esquinas en unos salientes de ladrillo, formando pechinas que facilitan la transición de la planta cuadrada de los muros a la circular de la bóveda.

En la fachada principal se abre una puerta y en la cara lateral izquierda una ventana, rematadas ambas con jambas de ladrillo y arcos de medio punto también de ladrillo; estos huecos están cerrados en la actualidad con unas puertas metálicas acristaladas que dejan entrever, a medias, el interior. Adosados a la fachada principal, a ambos lados de la puerta, se puede ver lo poco que queda de unos muros que se extendían hasta no se sabe dónde, dando la impresión de que cercaban por la parte delantera el acceso a la fuente; al lado derecho de la puerta se observa un resto de pavimento sobreelevado, hecho con la piedra del lugar, en el que se puede apreciar la huella de desgaste que durante años dejaron los recipientes, cántaros de barro con toda seguridad, al depositarlos en el suelo.

En la bóveda interior, durante los trabajos de restauración, se eliminó el enfoscado antiguo y se dejó visto el aparejo de ladrillo, rejuntando los tendeles con mortero. Al realizar este trabajo se descubrió, en la esquina que forman los lienzos de muro donde están situadas la puerta y la ventana, lo que queda de lo que parece ser una figura de cabeza de león tallada en barro, apareciendo también en las otras esquinas las trazas del mismo adorno desaparecidas casi por completo. Asimismo, en el sitio que ocupa la clave de la bóveda aparecieron los restos de una especie de azulejo cuadrado con un extraño relieve, que presenta un cierto parecido con el típico mocárabe nazarí. Estos son los únicos elementos con cierto carácter «estético» que presenta el antiguo edificio. El resto del conjunto es estrictamente funcional.

Dentro del edificio el suelo se excavó y se vació la pizarra hasta conseguir un depósito para almacenar agua. Este trabajo debió de llevarse a cabo años después de haberse construido el edificio, pues se aprecia a simple vista que los cimientos originales de los muros quedaron «colgados» al realizarse el vaciado de la pizarra. El depósito o aljibe resultante de ese vaciado del terreno es de forma cúbica, ocupando la misma superficie de la planta interior por unos 2,50 metros de altura; en el fondo de este depósito, en la cara opuesta a la fachada principal, también se excavó una pequeña bocamina, de unos dos metros de profundidad, con la intención de captar agua, aunque el caudal que se genera en ella es poco importante.

El manantial del que se alimenta la fuente está situado en la ladera que se encuentra en la parte posterior del edificio, a unos quince metros de distancia. Consiste en una pequeña oquedad, tapada con piedras como medida de protección, que se encuentra debajo de una roca; en la referida oquedad el agua se puede ver manar de las mismas vetas de la pizarra. Saliendo de entre las piedras que tapan el manantial se pueden ver dos canalizaciones que conducían el agua hasta la fuente. Estas se descubrieron durante la limpieza del terreno y la posterior construcción de los muros de contención de esta parte de la obra y, a pesar de los años que llevaban enterradas, se encontraban en muy buen estado. Las conducciones, que originalmente consistían en unas atarjeas hechas con teja curva embutida entre dos muretes de ladrillo colocados a soga y tapada por otra hilada colocada a tizón, se consolidaron y pueden verse en su totalidad.

La capacidad actual del aljibe es de unos 11.000 litros de agua. Antiguamente, en algún momento de su historia, se construyó un peto cerrando la puerta y formando un antepecho un metro más arriba del nivel actual, ganando unos 4.000 litros más de capacidad. En la obra de 1998 se demolió este murete, devolviendo la puerta de entrada a su forma original. El agua almacenada allí en la actualidad es llevada a la fuente-abrevadero que se encuentra al principio de la calle Fuente, ya en el casco urbano de Cútar, aunque anteriormente el destino de esa agua era la fuente llamada de San Roque.

Una de las estampas perdidas del tipismo cutareño se producía todos los veranos en esta antigua fuente de San Roque. Los vecinos de todo el pueblo se reunían allí cuando todavía no apuntaba el sol y mientras unos comentaban las últimas noticias, otros los últimos cotilleos locales y los más acalorados discutían por cualquier cosa, todos hacían cola esperando turno para llenar sus cántaros con el agua que llegaba de la fuente, cuando todavía no era llamada fuente árabe y ni siquiera existía la carretera actual, sino el llamado Camino de la Fuente, a mediación del cual estaba el famoso **olivo del *escansaero***, que servía de alivio para el caminante. Esas «tertulias mañaneras» llegaron a su fin cuando en la década de los 70 del siglo pasado se construyó el depósito de agua situado en lo más alto del pueblo y se inauguró el servicio doméstico de agua y saneamiento. De aquello solo queda el recuerdo en los mayores que vivieron aquella época, puesto que la fuente de San Roque fue destruida años atrás para la remodelación de la plaza del mismo nombre y hoy en día, en el lugar que ocupaba, el visitante puede contemplar un mamotreto de piedra consistente en un cuarto de esfera invertida, de imposible calificación y nula utilidad.

¿Fuente o rábita?

De que el edificio antes descrito ha ejercido la función de fuente pública durante siglos no hay ningún tipo de duda, puesto que desde su catalogación en el Apeo de Aguas de Cútar hasta el presente su «trabajo» de cara al público ha sido ese: proporcionar agua a los habitantes de la localidad. Lo que sí genera dudas hoy en día es si fue esa la finalidad para la que se construyó, en su origen, este edificio.

Como se dijo anteriormente, María Angustias Cabrera Ortí y Carlos Vílchez Vílchez vienen sosteniendo desde hace años la teoría de que el edificio de la fuente árabe fue en su origen una rábita. Según nos explican en sus trabajos:

> *«La rábita (del árabe rabiṭa, pl. rawabiṭ) era una pequeña construcción en el campo o en la ciudad en la que vivía una persona considerada santa, un anacoreta (nussāk) o eremita (ūbbād), que al morir era enterrada generalmente allí mismo»*[V].

Según Cabrera y Vílchez, la fuente árabe cutareña cumple con la principal característica que estos edificios, las rábitas, tenían en común en todo el mundo árabe: eran pequeños edificios, generalmente de planta cuadrada, que se encontraban siempre algo alejados de las poblaciones, presentado la de Cútar una singularidad que se daba solamente en las rábitas de al-Ándalus, y es que las cubiertas de las rábitas andalusíes tenían siempre tejado a cuatro aguas cubriendo la bóveda, al contrario de las de Oriente y el norte de África, en las que la bóveda quedaba a la vista, componiendo directamente el tejado del edificio. La conclusión a la que llegan en sus trabajos sobre la rábita de Cútar es que se construiría entre los siglos XII y XV, pero apuestan por el periodo de dominio almorávide (siglo XII) por ser la bóveda vaída con la que está construida un elemento típico de los edificios almorávides. La conversión en aljibe y fuente se produciría, según los autores, en época cristiana.

Aunque las rábitas en al-Ándalus eran muy numerosas, se da la circunstancia de que son muy pocas las que han llegado intactas hasta nuestros días. En Málaga capital, por ejemplo, de seis rábitas documentadas[VI] no quedan restos físicos de ninguna, mientras que en toda Andalucía solamente seis han llegado hasta nosotros, convertidas casi todas en templos cristianos; de ahí lo importante que resultaría la confirmación de que la conocida como fuente árabe es, en realidad, una rábita de época andalusí.

El contrapunto a esta teoría la encontramos en el historiador Carlos Gozalbes Cravioto, que niega tal posibilidad[VII], aunque sin aportar ninguna argumentación que lo justifique, simplemente calificando como aljibe o alcubilla el edificio de la fuente árabe. En su artículo expone una serie de teorías sobre el funcionamiento de la fuente que son claramente erróneas, fruto quizás de la falta de información. En primer lugar, sugiere que el manantial del que se alimenta la fuente es una galería o mina de captación de agua que se encuentra en el margen izquierdo de la cañada del Charcón, cañada que él llama en su trabajo arroyo de Sayalonga (¿?), estando situada la fuente en el margen derecho, y afirmando que el agua llegaba a la alcubilla por medio de una canalización externa que debería atravesar la cañada. En primer lugar, decir que durante la realización de las obras de 1998 no se encontró ningún rastro de esa canalización, ni saliendo de la mina ni atravesando la cañada, y en segundo lugar decir que era imposible llevar el agua de forma natural desde la mina hasta la fuente, simplemente porque el nivel que alcanzaba el agua dentro de la alcubilla estaba cerca de 50 centímetros más alto que la salida de aguas de la mina.

También sugiere Gozalbes Cravioto que el agua, desde la fuente, era llevada a la localidad por medio de una acequia o canalización hasta una calle del pueblo llamada Posito, de pozo, sin caer en la cuenta que la calle del Pósito[35], que así es como se llama, se encuentra debajo justo de la plaza de la Iglesia, a un nivel treinta metros más elevado que la fuente árabe. La calle Pósito es precisamente la misma que aparece en el mapa topográfico que inserta en su artículo el señor Gozalbes con la denominación de calle Postigo, nombre de calle que, por cierto, no existe en el callejero de Cútar.

La galería de captación de aguas de la cañada del Charcón tiene, o tuvo durante años, otra utilidad: situada un poco más hacia la izquierda del abrevadero actual, construido durante las obras de 1998, existió antiguamente otro abrevadero o pilón de mayor tamaño, que se surtía del agua de la mina, llevándose el sobrante de agua que salía por el rebosadero a unos huertos que se encuentran ladera abajo.

---

[35] Esta calle recibe su nombre porque allí se encontraba ubicado el pósito de beneficencia municipal, según consta en el Catastro del marqués de la Ensenada.

El antiguo pilar tenía unas dimensiones de unos cuatro metros de largo por uno de ancho, contaba con un muro trasero para prevenir las avenidas de tierra y estaba construido combinando mampostería y ladrillo enfoscado.

El antiguo pilón estaba situado al borde del camino que en el Apeo llaman de Vélez y que en los últimos dos siglos se ha llamado camino de Almáchar[VIII]. De este pilar bebían el agua los animales de carga, compañeros de fatigas del campesino, y los rebaños de cabras que antaño abundaban en la localidad. El pilar vio su fin a mediados de los 80, cuando se construyó la carretera actual, que sigue aproximadamente el mismo trazado que tenía el antiguo camino.

El uso público del agua en la cañada del Charcón es un ejemplo del aprovechamiento racional que se daba antiguamente con este elemento, de tanta importancia para todos. Por un lado, tenemos el pilón que existía en el margen izquierdo y que se destinaba al consumo animal; y por otro lado, tenemos la fuente árabe en el derecho, de la que se surtían de agua los habitantes de Cútar. Destacar además el aprovechamiento que del agua sobrante, que se escapaba por los rebosaderos del pilón y de la fuente, hacían los dueños de las parcelas vecinas para el riego de sus huertos, de tal manera que no se desperdiciaba ni una sola gota del apreciado elemento.

Mi teoría

Yo tengo la opinión de que las dos posibilidades de las que se ha hablado anteriormente son acertadas, es decir, pienso que tanto la fuente o manantial como la rábita coexistieron en época nazarí y que pasado el tiempo, cuando la alquería era ya villa cristiana, se realizaron las obras necesarias para convertir la rábita en alcubilla o depósito de agua.

El manantial no tiene nada que ver físicamente con el edificio, pues ya se ha dicho que los separan unos quince metros, y son, por lo tanto, unidades independientes. Es de suponer que el conocimiento por parte de la gente de la alquería de la existencia del manantial y de su uso sería muy anterior a la construcción de la rábita, e incluso cabe la posibilidad de que la ubicación de la misma en ese lugar se debiera precisamente a la presencia del manantial, que proporcionaría el agua al morabito que vivió y predicó allí. Es más, en una ocasión leí en una enciclopedia que una de las formas que tenían para subsistir los que **moraban** en las rábitas era vender agua, por lo que se instalaban en lugares con manantiales cercanos.

El culto de que eran objeto los morabitos, convertidos en santones una vez muertos, imagino que preocuparía a las autoridades castellanas cuando se hicieron dueñas de estas tierras. No les haría mucha gracia que ese culto o veneración se siguiera manteniendo. Para terminar con esa imagen de lugar santo para los mudéjares, luego moriscos, harían lo que fuese necesario, y la mejor manera que encontraron para terminar con esa veneración popular fue simplemente vaciar el interior de la rábita y convertirla en depósito de agua.

La mezquita y su transformación en iglesia

Si la fuente árabe fue en su origen una rábita es algo que queda todavía por confirmar, aunque teniendo en cuenta la abundancia de estos edificios religiosos en todo el reino nazarí, bien documentada en los escritos antiguos, no sería nada extraño que así fuese. La religiosidad de aquella época en al-Ándalus era muy fuerte y en toda alquería, por pequeña que fuese, no faltaba un centro religioso donde el creyente acudía a realizar sus rezos. La *qarya* Quta seguro que no fue una excepción y, aunque a la rábita acudiría un número desconocido de fieles devotos, el centro religioso principal de la localidad sería la mezquita aljama, en árabe **al-masŷid yâmi,** a la cual asistiría toda la población. La traducción de esos nombres, **al-masŷid** (lugar de culto) y **al-yâmi** (la que reúne), nos indica que las mezquitas aljamas eran, y siguen siendo, el primer lugar de reunión de los musulmanes, principalmente porque en ellas se realiza la oración del viernes al mediodía, de obligado cumplimiento en el islam.

Las mezquitas fueron los edificios más importantes dentro de las poblaciones andalusíes porque alrededor de ellas se desarrollaba la vida diaria de los musulmanes. Según Carmen Trillo San José[IX], el estudio de unas fetuas de origen nazarí revela que las funciones que desarrollaban las mezquitas rurales eran muy variadas y muchas de esas funciones, en algunas ocasiones, estaban encontradas con el cumplimiento más rígido del islam. Así, por ejemplo, desde su alminar el almuédano llamaba a la oración las cinco veces diarias que establece el islam, pero también desde ese mismo sitio, en ocasiones, se anunciaba el fallecimiento de algún vecino, aunque esta práctica no estuviera bien vista por los **muftíes** o jueces religiosos musulmanes. En el interior de la mezquita se daba la enseñanza religiosa, práctica también discutida por la molestia que producía a los fieles, y se guardaban los libros de hadices y el Corán, necesarios para las consultas del imán y también del alfaquí, pues este último utilizaba la puerta de la mezquita como notaría: allí realizaba las escrituras de compraventa, testamentos o lectura de herencias, tomando estos documentos un carácter todavía más formal por el sitio donde se realizaban. Las mezquitas eran, en definitiva, donde los vecinos se reunían para tratar todo tipo de temas, ya fuesen religiosos o no.

Las mezquitas se mantenían con las donaciones que los fieles realizaban por medio de fundaciones, llamadas habices: un cabeza de familia musulmán podía destinar hasta un tercio de su hacienda como habiz y dedicar a perpetuidad las rentas generadas por ese habiz al fin que él determinara. Los habices, llamados *jayrî,* eran donaciones piadosas y se podían destinar a la mezquita para cubrir los gastos normales que el edificio generaba (desde cal para **blanquearlo** hasta aceite para los candiles o esteras para que los fieles se postrasen durante el rezo), como también se podían destinar para las rábitas o cementerios, para atender a pobres y enfermos, rescate de cautivos… En general, a cualquier fin que podemos calificar como benéfico. El **tesoro de los habices,** la renta que producía el habiz, se custodiaba en las propias mezquitas.

Con los habices se podían pagar los servicios del imán, del alfaquí o del almuédano, pero lo normal en las alquerías era que los mismos vecinos pagasen los «sueldos» del imán, y también era costumbre que este fuera elegido por la comunidad, que al mismo tiempo se reservaba el derecho de «despedirlo» si al final no resultaba del gusto del vecindario[X]. En la *qarya* Quta, el último imán que dirigió el rezo en la mezquita es, lo diré otra vez aunque resulte repetitivo, un personaje famoso porque tuvo a bien conservar para el futuro el mayor tesoro que un creyente musulmán podía tener, su Corán y sus libros de consulta jurídicos.

Aunque conocemos al último rector de la mezquita de Cútar, desconocemos por completo cómo era el edificio en sí. Se supone que estaba situado en el lugar que hoy en día ocupa la iglesia, pero no existe ningún tipo de prueba física o testimonio escrito que lo corrobore. Solamente contamos con la «prueba de la generalidad», consistente en que en la mayoría de las localidades de la Axarquía, tras la conquista cristiana, las mezquitas se transformaron o evolucionaron hacia una de estas tres posibilidades: los templos musulmanes se convertían en iglesias conservando su estructura; las mezquitas se destruían, construyéndose en el mismo solar un nuevo templo cristiano; o bien sucedían ambas cosas, que en un principio se conservaba el edificio y al pasar el tiempo se demolía y se construía uno nuevo más grande. En el caso de la mezquita de Cútar, esta última es la opción más probable.

Según Mikel de Epalza[XI], había una serie de características que toda mezquita aljama reunía y que después, de una forma u otra, quedaban patentes al transformarse en iglesias. Las mezquitas antiguas eran todas más o menos similares y en su composición generalmente se incluía la sala de las abluciones, que servía para purificarse antes del rezo, un minarete o alminar y un patio cerrado, pero con una fachada abierta por la que se accedía a la sala de oración, la cual estaba dividida en naves por medio de arcadas. Todo este conjunto, como es tradición, estaba orientado hacia La Meca, pues esa es la dirección hacia la que han de rezar los fieles musulmanes. Esta orientación, que en al-Ándalus tradicionalmente era hacia el sureste, queda marcada por el muro central de la mezquita, llamado *quibla,* alquibla en castellano, que es donde se ubica el *mihrab,* una especie de nicho al lado del cual el imán dirige la oración. Los fieles se postran frente a ese muro, en filas paralelas, y de ese modo dirigen sus oraciones hacia la mezquita sagrada de La Meca, tal y como se establece en el Corán[36]. En la quibla de las mezquitas aljamas también se encuentra adosado el *mimbar,* una especie de púlpito desde donde se predica la *jutba* u oración del viernes a mediodía.

---

[36] *«De dondequiera que salgas, vuelve tu rostro en dirección de la Mezquita Sagrada, dondequiera que estéis volved vuestros rostros en su dirección».* Sura II, 145. El Corán, traducción de J. Vernet, Barcelona, 1953.

Es el muro de la alquibla, por tanto, el elemento estructural más importante de una mezquita y solía ser el más recio y mejor construido. Las iglesias que surgían a partir de las mezquitas andalusíes normalmente lo conservaban, convirtiéndose en el muro lateral situado a la derecha del altar mayor, con lo cual la iglesia daba un giro de 90 grados y quedaba orientada casi al este. Haría falta una medición concienzuda de la orientación de la actual iglesia de Cútar para confirmar si mezquita e iglesia compartieron esa orientación. El solar y esa orientación pueden ser lo único que quede de la mezquita, porque es seguro que esta fue derruida en su totalidad para construir el edificio actual.

¿Se puede asegurar que en Cútar en el solar de la antigua mezquita se construyó la actual iglesia? Esta es una pregunta de difícil respuesta. Si aplicamos la regla general que se produjo en toda la comarca, cambio de mezquita por iglesia, se puede afirmar que sí, pero siempre habrá que reservarse por si acaso. Se me ocurre una duda importante respecto a si esa era la ubicación de la antigua mezquita y que tiene que ver con un elemento muy importante para su correcto funcionamiento como es el agua o, mejor dicho, la falta de ella. Mikel de Epalza señala como un elemento esencial en la vida de una mezquita el estar situada en los…

> «… *itinerarios del agua corriente, que la mezquita necesita para su midá. La mezquita tendrá agua pura para las necesidades de purificación ritual y sus sobrantes podrán alimentar fuentes urbanas (…) Por eso suele estar (la mezquita) a media altura, al pie de monte, según el decurso de los itinerarios del agua»*[XII].

La situación del edificio que nos ocupa no está, desde luego, en el itinerario de ninguna vía de agua ni existe ningún manantial cercano que pueda proporcionársela. La cañada del Charcón, que discurre a los pies de la localidad y en donde se encuentra la fuente árabe, es la vía de agua más cercana a la mezquita-iglesia, pero, dada la situación tan elevada en el terreno del edificio respecto a la fuente y a la cañada, es imposible llevar el agua por su propio pie allí arriba. El agua tendría que transportarse hasta la mezquita y, quizás, ser almacenada en un aljibe para el uso cotidiano de la sala de abluciones y también, por qué no, para alguna fuente que abasteciera a los vecinos de la parte alta de la alquería, una opción que supongo que se daría en muchos lugares con el mismo problema.

La iglesia: fundación e historia

La historia de todas las iglesias de la Axarquía comienza tras la caída de Vélez-Málaga ante Isabel de Castilla y Fernando de Aragón, los famosos Reyes Católicos, acaecida el 27 de abril de 1487. Los monarcas de Castilla y Aragón venían empleando como recurso para demostrar y afianzar su poder político y religioso en las tierras recién conquistadas, ya fuese por la fuerza de las armas o por medio de los acuerdos llamados capitulaciones, la institución de parroquias en cuanto conseguían la rendición de las ciudades, consagrando la mezquita aljama del lugar conquistado y convirtiéndola en iglesia.

Así, por ejemplo, en Vélez-Málaga, nada más entrar en la cuidad, el rey Fernando ordena que la mezquita aljama se consagre como iglesia bajo la advocación de Santa María de la Encarnación, celebrando misa en ella el 3 de mayo, solo seis días después de rendirse la ciudad. Andrés Bernáldez, cronista de la época, describió cómo se llevó a cabo tal transformación:

> *«Y estaba ya dentro (de la ciudad) su Guion, é la Cruz de la Santa Cruzada que siempre traía en su hueste, é el Conde de Cifuentes, Asistente de Sevilla, su Alférez mayor, que habían primero en la fortaleza entrado; é recibieron al Rey cuando entró en procesión, é fueron con la procesión a la Mezquita mayor e más honrada, é bendixéronla é ficiéronla iglesia, é púsole el rey, con gran devoción, Santa María de la Encarnación, por vocación»*[XIII].

Recordemos que también el castillo de Comares, junto con sus alquerías, se rinde de forma pacífica dos días después de haberlo hecho Vélez y que los naturales de la taha obtienen de los reyes unas generosas condiciones de rendición, reflejadas en las capitulaciones de Comares. Las capitulaciones firmadas garantizaban a los nuevos súbditos el poder mantener sus costumbres y su religión siempre que cumpliesen con las condiciones impuestas en ellas y siempre que abonaran a la Corona los impuestos que les correspondían por ser mudéjares, mucho más gravosos que los que pagaban los cristianos. Esta situación, este estatus obtenido por los mudéjares de la taha de Comares, fue respetado por la corona durante trece años, hasta el momento en que un cambio en la política de Castilla hace que en el año de 1500 se ordene la conversión forzosa de todos los mudéjares que residían en el reino.

Comenzaron los primeros bautismos forzados en el Albaicín de Granada en noviembre de 1499, lo que provocó la sublevación de los mudéjares de la Alpujarra. La revuelta es sofocada rápidamente, pero a continuación los bautismos se generalizan en todo el antiguo reino de Granada, hasta tal punto que en julio de 1501 los reyes afirman que no queda ningún musulmán en sus reinos: los mudéjares se habían convertido todos en moriscos, en cristianos nuevos, asumiendo la Iglesia católica la misión de evangelizarlos y los reyes, la de dotar de iglesias a las ciudades y alquerías donde los moriscos habitaban. En ese mismo año se produce la erección parroquial de los pueblos de la archidiócesis de Granada, consagrando todas las mezquitas de sus alquerías en iglesias y recibiendo la donación por parte de los reyes de los bienes habices de las dichas mezquitas para sufragar el mantenimiento del nuevo culto que se empezó a celebrar en los antiguos templos.

En la diócesis de Málaga, sin embargo, la erección parroquial se retrasa algunos años. Málaga, tomada por los Reyes Católicos en agosto de 1487, contaba con obispo mucho antes de que fuera conquistada la ciudad, concretamente desde que en 1410 se ganara Antequera; sin embargo, cuando llegó la conversión forzosa a la diócesis solo existían parroquias en las localidades más importantes, las que tras su conquista fueron repobladas con cristianos viejos después de ser desalojadas de la población musulmana: Antequera y Archidona contaron con las primeras parroquias y después se les unieron las de Ronda, Coín, Alhaurín, Mijas, Alozaina, Casarabonela, Vélez-Málaga y, por supuesto, Málaga, sede del obispado. Las comarcas rurales pobladas por moriscos, aunque es cierto que en algunas alquerías las mezquitas locales se habían consagrado y eran ya en la práctica iglesias, no contaban con estatutos de parroquia ni con un clero asignado para asistir los oficios religiosos.

Es en el año de 1505 cuando se redacta el acta de la erección parroquial malacitana[XIV], que llega desde la archidiócesis de Sevilla, pues por una bula papal, expedida en Roma el 4 de agosto de 1486, era el arzobispo de Sevilla quien tenía el privilegio de *«erigir iglesias catedrales, colegiales y parroquiales en las tierras conquistadas y por conquistar en el reino de Granada»*. Fue fray Diego de Deza, titular de la archidiócesis y que era además el inquisidor general del reino, quien desde Segovia, en el transcurso del mes de mayo de 1505, autoriza-se la erección de la mayoría de las parroquias que hoy conocemos dentro del obispado de Málaga.

La parroquia de Cútar se erige en ese documento y se consagra bajo la advocación de Santa María de la Encarnación, teniendo como anejo al **lugar** de Benamargosa, que dependerá algunos años de Cútar como parroquia principal. Para atender los servicios de las dos poblaciones se destina a un beneficiado, cuyo nombramiento correspondía al rey, y a un sacristán, nombrado por el obispo. El beneficiado era una persona, generalmente laica, que recibía un nombramiento honorífico dentro de la Iglesia y que, en el caso de las nuevas parroquias, iba acompañado con el uso y disfrute de una casa, un huerto y una serie de tierras que le generaban unas rentas, además de un sueldo que en las actas se establecía en 12.000 maravedís anuales. Tanto los bienes inmuebles como los dineros se sacaban mayoritariamente de los moriscos, por medio de la expropiación y de los impuestos. El sacristán recibía, a su vez, una renta anual de 3.000 maravedís.

Los beneficiados eran una especie de aristocracia dentro del clero, estando en el escalafón por encima de curas y sacristanes. Como en muchas ocasiones no podían oficiar porque no estaban ordenados sacerdotes, en la parroquia donde estaban adscritos se hacía necesaria la presencia de un cura, que hacía todo el trabajo y encima cobraba menos. Para evitar que esta situación se produjera en las nuevas parroquias, en la erección malagueña se establecía que los beneficiados, si todavía eran laicos, tenían un plazo de un año a partir de recibir el nombramiento para ordenarse sacerdotes, además de tener la obligación de residir como mínimo ocho meses al año en el lugar asignado y de celebrar misa una vez al día. Si alguna de estas condiciones no se cumplía, el beneficiado podía ser destituido y nombrado otro en su lugar.

En las actas también se establecieron los dineros que de los diezmos que se recaudaban para la Iglesia de Roma debían destinarse para la «fábrica», o sea, para el mantenimiento y construcción de los edificios religiosos. Estas obras de mantenimiento y construcción quedaban registradas en los llamados **libros de fábrica**[XV] y cada parroquia contaba con su libro, en el que se consignaban ingresos, gastos de materiales, contratos con constructores, etc., de las obras que se llevaban a cabo en cada iglesia parroquial. Por desgracia, la mayoría de los libros de fábrica pertenecientes a las parroquias habitadas por moriscos ardieron en la rebelión de 1568 y lo que se salvó desapareció en el incendio que sufrió el archivo episcopal en 1931, de tal manera que de todos los libros de fábrica pertenecientes a los primeros años de existencia de las iglesias de los pueblos malagueños se salvaron únicamente los de Comares y Antequera. La consulta del libro de fábrica de Cútar podría revelar mucho sobre los primeros años de la iglesia cutareña, como, por ejemplo, conocer si los oficios religiosos se llevaban a cabo en la mezquita reconvertida en iglesia e incluso desvelar cómo era ese templo antes de ser «cambiado» por el actual, pero, por desgracia, ese libro también se da por desaparecido.

La construcción y reforma de nuevas iglesias pasó por varias etapas, siempre dependiendo de los intereses particulares del obispo titular de la diócesis. Así, al principio de la erección parroquial se iniciaron obras en las ciudades principales, relegando a los pueblos de moriscos a un olvido total, utilizándose en ellos las antiguas mezquitas como templos cristianos y solo cuando amenazaban con caerse eran sustituidas por nuevos edificios. Las nuevas iglesias rurales comenzaron a edificarse bajo el obispado de César Riario, un religioso de origen italiano que nunca pisó la diócesis malagueña, entre los años 1519 y 1540; pero fue su sucesor, Bernardo Manrique, titular de la diócesis desde 1541 a 1565, quien fomentó la construcción de la mayoría de las iglesias de los pueblos de Málaga, entre ellas la de Cútar.

Según la opinión de María Dolores Aguilar[XVI], el modelo con que se llevó a cabo la construcción del templo cutareño, y que también se siguió con el de El Borge, es el mismo que se empleó para la edificación de la iglesia de Santa María de Vélez, desde donde, una vez acabada esta, partirían los alarifes y carpinteros de lo blanco hacia Cútar y El Borge para realizar la construcción de sus respectivos templos. A pesar de la desaparición de los libros de fábrica de ambas iglesias, donde hallaríamos todos los datos referentes al desarrollo de las obras, se sabe que la obra de El Borge se llevó a cabo entre los años 1531 y 1555, puesto que las visitas que realizó a las obras el provisor designado por el obispo para tal efecto quedaron consignadas en el libro de Comares, que, este sí, se conserva en el Archivo Diocesano[XVII]. Si aceptamos la afirmación de María Dolores Aguilar, podemos aventurar que la iglesia de Cútar se construiría en esas mismas fechas; de hecho, se da por cierto que las obras se realizaron entre 1553 y 1558, aunque no sé de dónde procede esa información. Sí se tiene conocimiento exacto de la fecha de inicio de la construcción de la torre de la iglesia, que fue realizada según el diseño del alarife Martín Lozano y llevada a cabo por el constructor Sebastián López durante el año de 1554, contando con un presupuesto de 670 ducados[XVIII].

La iglesia: descripción

La iglesia de Cútar fue construida con los materiales y la austeridad clásica del arte mudéjar. El mudéjar, que está reconocido como el único estilo constructivo genuinamente español, se fue desarrollando conforme el avance de la conquista cristiana sobre al-Ándalus iba dejando musulmanes rezagados dentro de los reinos cristianos, los que conocemos ya con el nombre de mudéjares. Estos mudéjares comenzaron a emplear técnicas de construcción musulmanas tradicionales, que con el tiempo fueron adoptadas por alarifes cristianos viejos, empleando materiales tan humildes como el ladrillo para levantar pilares y arcos, la mampostería combinada con ladrillo para construir muros y la madera para realizar artísticas armaduras capaces de cubrir grandes vanos, haciendo posible la construcción de grandes edificios sin la utilización de los complicados sistemas de ingeniería que eran necesarios para levantar esos mismos edificios, pero empleando la cantería; y todo sin perder por ello ningún valor estético, sino todo lo contrario.

Esta simplificación de las construcciones posibilitó que se pudiera llevar a cabo casi al mismo tiempo toda esa serie de edificios religiosos que surgieron durante el siglo XVI en los pueblos de la Axarquía.

El exterior

La iglesia de Nuestra Señora de la Encarnación de Cútar es un edificio imponente, en el que ya el exterior nos da una idea de lo proporcionado de sus dimensiones internas. Montada a horcajadas en la loma que baja desde el Cerro de Yznalcútar hasta el arroyo de Alpauma[37], tiene a sus pies todo el casco urbano del pueblo, que se ve dominado por el impacto visual que el templo produce desde donde quiera que se mire. No es, como ocurre en otros templos de

---

[37] Me he permitido la licencia literaria de poner los topónimos con los que se conocían esos pagos en los años en que se construyó la iglesia.

la zona, un edificio achaparrado que por su poca altura se funde con las casas que lo rodean.

La respetable altura que presenta por sus cuatro caras se ve aumentada en la parte de la fachada principal, que arranca desde una especie de terraza que va a caer justo encima de la plaza de la Iglesia, no teniendo por delante ningún obstáculo que oculte su visión. En esta fachada, que por su orientación posiblemente correspondería a la alquibla de la desaparecida mezquita, se encuentra la puerta de entrada, enmarcada por dos gruesas pilastras de ladrillo y por un arco adintelado de triple pie, una solución arquitectónica de excelente ejecución, coronado por un alerillo del mismo material. A la izquierda de la puerta se abre una pequeña ventana circular que, junto con otra rectangular existente en la pared correspondiente a los pies[38] del templo, le aporta a este una escasa iluminación natural, manteniéndose el interior en una penumbra permanente. La fachada mencionada, la de los pies del templo, es la que más altitud alcanza, por lo que está construida junto con dos «pies de amigo» que dan firmeza a la construcción al contrarrestar los empujes que los arcos interiores ejercen en dicho muro.

La fachada opuesta a la principal da al cementerio y en ella se adosa una pequeña construcción que contiene el baptisterio. La fachada de la sacristía también se encuentra en esta parte, pegada a la cabecera de la iglesia y al edificio que contiene la capilla donde se venera al patrono del pueblo. Esta construcción sirve de nexo de unión entre el edificio principal y una vivienda particular que está íntimamente ligada a dicha capilla, puesto que desde el interior de la vivienda es posible acceder a una especie de pasadizo en el que existe una pequeña ventana enrejada desde la que se ve el interior de la capilla. Este edificio, el de la capilla, por ser

---

[38]   Creo que sería conveniente repasar los nombres con los que se conocen las diferentes partes de una iglesia católica de tres naves como es la de Cútar. Así, la zona donde se ubica el altar mayor o presbiterio se denomina cabecera y la zona opuesta, pies; la zona o nave lateral izquierda mirando de frente al altar mayor se denomina nave del evangelio y la lateral derecha, nave de la epístola.

un añadido posterior a la construcción de la iglesia, está cubierto con un tejado a cuatro aguas completamente independiente de la cubierta principal.

El tejado de la iglesia, realizado con teja morisca compuesta de canal y cobija (o, como también se las denomina por la zona, de solera y gambúa), se divide en tres cuerpos: el cuerpo central está formado por un tejado a dos aguas que desaguan en los dos tejados laterales, más bajos y de menor longitud, ya que el tejado central a dos aguas se alarga en la cabecera para cubrir el presbiterio. La formación de los aleros de estos tejados no es uniforme y varía según donde estén situados. Así, en la parte de la fachada principal el alero más elevado es simple, fabricado con dos hiladas de ladrillo, presentando en las esquinas ejemplos de aleros más elaborados, de los llamados de doble nacela. El alero que cobija la fachada donde se encuentra la puerta de entrada está compuesto por una moldura cóncava de caveto o media caña. Los aleros de los tejados traseros, los que dan al cementerio, son más elaborados. El superior está compuesto íntegramente por un alero de doble nacela, fabricado con ladrillos enfoscados, y el inferior está compuesto por tres hiladas de ladrillo superpuestas, la del centro en pico de gorrión.

La torre

Si observar el edificio desde la lejanía impone, hacerlo desde la misma plaza de la Iglesia, que así se llama, te obliga a realizar un ejercicio de cuello considerable, como si trataras de captar una foto panorámica, para poder abarcar todo el conjunto. En ella, además de la propia fachada de la iglesia, nos topamos también con la imponente torre, de una robustez que llama la atención, que nace desde la misma plaza y que bien merece una atenta descripción.

La torre está compuesta por cuatro cuerpos o pisos distintos separados por impostas, siendo el último de ellos el que contiene el campanario. La reducción de tamaño que se da en cada piso al sobrepasar cada imposta confiere al conjunto una perspectiva especial que hace que parezca todavía más alto, además de disimular un poco la sencillez original de la construcción, puesto que los únicos «adornos» con que se construyó la torre son las hiladas de ladrillo existentes en cada línea de imposta.

Los mechinales, los pequeños huecos de la fachada que en su día soportaron los andamios necesarios para su construcción, todavía se mantienen abiertos dando vida a la iglesia, pues son los habitáculos que decenas de vencejos (los que en el pueblo llamamos aviones), palomas y últimamente una pareja de esas pequeñas rapaces llamadas primillas aprovechan para hacer sus nidos cada primavera. Otros dos huecos que aparecen en el segundo y el tercer piso son dos estrechos ventanucos que parecen aspilleras, aunque el uso como aspillera de los citados ventanucos es casi imposible, dada la altura en la que se encuentran respecto al suelo del interior de la torre. El que se encuentra en el primer piso da la impresión de que se hizo rompiendo el grueso muro, puesto que ni jambas ni antepecho tienen un corte recto; sin embargo, el hueco del tercer piso sí se aprecia a simple vista que se hizo a la vez que se levantó el muro. Las jambas de ladrillo de este hueco son oblicuas, siendo más estrechas en el interior que en la fachada, y el vano del estrecho hueco se salva con un arco adintelado, también de ladrillo.

Es quizás por esas estrechas ventanas y por la robustez de la construcción por lo que muchos eruditos califican la torre como fortificada, aseverando que pudiera haber servido antiguamente para la defensa y refugio de los parroquianos en caso de apuro.

Hace unos años se eliminó el enfoscado antiguo de parte del tercer piso, dejando la obra de fábrica al descubierto, con lo que quedó a la vista la esencia constructiva de los muros tanto de la torre como de la iglesia. Esquinas macizas de ladrillo, con un aparejo formado por una hilada a soga y otra a tizón, se prolongan unos dos metros en el lienzo de muro, dejando cajones que se rellenan con mampostería, en la cual, cada cierta altura, se introduce un averdugado de ladrillo. Este sistema, del más puro mudéjar, es el que se empleó para levantar todos los muros de la iglesia.

Las fachadas del cuarto piso, el del campanario, también se picaron, quedando la fábrica a la vista, y al contrario que en la del piso anterior, aquí los muros de sus cuatro fachadas son íntegramente de ladrillo y realizados con el mismo aparejo, hiladas superpuestas a soga y a tizón, que vimos en el piso de abajo. La pared posterior, que cae sobre el tejado de la iglesia, es maciza, sin más huecos que los mencionados mechinales; las otras tres presentan dos ventanas iguales en cada pared, con jambas perpendiculares a la fachada y terminadas con arcos de medio punto. En los huecos de la fachada que da a la plaza se encajan dos campanas, una de ellas relativamente moderna, quizás de los años 50 del siglo pasado. La otra se forjó en el año de 1817, según consta en la leyenda que contiene su parte superior. Restos del yugo de madera que soportó en su día a otras dos campanas se pueden ver en los huecos de las ventanas que dan a la cara norte de la torre.

La torre sostiene un tejado a cuatro aguas que está soportado por una sencilla armadura de madera de cuatro paños iguales unidos mediante limas. Los aleros los forman canecillos de ladrillo colocados a juntas corridas, alternándose uno saliente con otro en la misma línea de fachada, siendo necesarias cuatro hiladas para completar el alero. El tejado lo corona una vieja veleta de hierro que todavía, pese a la herrumbre de los años, sigue indicando la dirección del viento.

A la torre se accede desde la misma iglesia, a una habitación cubierta por una bóveda de cañón a la que el primer ventanuco que describimos antes le aporta algo de claridad. Esta habitación se corresponde con el segundo piso exterior y fue utilizada durante algún tiempo como sacristía. A la derecha de la puerta que da entrada a la habitación arrancan unas estrechas escaleras que suben pegadas al muro hasta el segundo piso, que se cubre con una bóveda octogonal fabricada con ladrillo. En trompas de medio punto, situadas en tres de las esquinas interiores de la torre, se apoyan cuatro de los ocho paños que componen la bóveda. La esquina que queda está rota para dejar paso a una escalera mucho más empinada que la anterior, mediante la cual se llega al campanario, cuyo interior ya se ha descrito.

El interior

La iglesia se compone de tres naves, la nave central mucho más elevada que las laterales, separadas entre ellas por dos pilares y tres arcos. Los pilares, en forma de cruz con las esquinas redondeadas, están construidos con ladrillos enfoscados y se levantan lisos hasta una moldura de yeso que forma una especie de capitel desde donde comienza el arranque de los arcos. Estos son apuntados y, aunque no se enmarcan en alfiz, al elevarse siguiendo la misma forma cruciforme de los pilares que los sustentan se presentan con un doble arco con distinto radio, contenido uno dentro del otro. Pilares, arcos y muros sustentan en la nave central, que avanza hasta cubrir el presbiterio, una armadura de las llamadas de par y nudillo sin adornos en la actualidad, aunque existe la posibilidad de que en su día contara con decoración de menado[XIX]. La armadura se completa con seis tirantes dobles unidos con lacería de figuras geométricas y apoyados en canes de madera. Las naves laterales son de menor altura y están cubiertas con una sencilla armadura de colgadizo.

El suelo de la cabecera se levanta del resto del templo por medio de dos escalones, tanto en la nave central como en las laterales. El presbiterio es una continuación de la nave central y es de una sencillez total; lo único que destaca sobre el altar mayor es el arco triunfal, decorado en el exterior con motivos vegetales, que da paso a la pequeña capilla de estilo barroco que se encuentra a la espalda del altar. A los lados del citado arco dos hornacinas decoradas con los mismos motivos vegetales completan la estructura arquitectónica del presbiterio.

Una puerta en la pared derecha del presbiterio da paso a la sacristía, una habitación rectangular cubierta con armadura de colgadizo, en la que lo único destacable son dos armarios embutidos en las paredes y una pequeña ventana que se asoma al cementerio. Dos peldaños y una puerta son el acceso a una corta escalera que sube hasta la capilla de detrás del altar mayor.

Esta capilla es un añadido a la estructura del edificio original, que se realizaría seguramente durante el siglo XVIII. De estructura muy compleja, consta de una planta circular lobulada compuesta por ocho paños semicirculares, uno de los cuales forma el arco triunfal que cae encima del presbiterio; los encuentros de los lóbulos tienen una parte recta que se eleva como pilastras hasta unos capiteles de los que surgen las nervaduras que forman parte de la cúpula que corona la capilla. Todo el conjunto está decorado con yeserías en relieve que representan diversas escenas de índole religiosa y también motivos vegetales, que en su día presentarían una policromía muy llamativa, que todavía puede verse en los relieves que adornan el arco triunfal antes mencionado, que aún conserva algo de su antiguo lustre. Los relieves del interior de la capilla, en el presente, tienen un color ocre mate que no nos sirve para imaginarnos su esplendor original. Dos pequeñas ventanillas, ubicadas en uno de los lóbulos, se asoman a la calle Málaga iluminando escasamente el interior, mientras que en lado opuesto se encuentra la ventana que da al pasadizo localizado en la casa adyacente que antes mencionamos.

En la nave del evangelio, en la pared que forma parte de la cabecera, podemos ver unas pinturas murales, quizás realizadas siguiendo la técnica italiana del fresco, que forman un retablo que enmarcó en su día la entrada a una pequeña capilla ya desaparecida. Otras pinturas de igual estilo, pero diferente temática, nos las encontramos enmarcando el pequeño camarín que se encuentra a la izquierda de la puerta de entrada. Este camarín, también de estilo barroco, estaba construido con planta circular y tronco cónico, rematado con una cúpula semiesférica; estaba adornado en su totalidad con yeserías policromadas, de las que podemos ver algo en la cúpula, pues el resto de los adornos están pintados de blanco. Encima del arco, en el interior de la cúpula, una placa de yeso casi ilegible nos informa de que la construcción de este camarín se debió a la *«devoción de don Francisco Santiago y doña Ana Muñoz, año de 1800»*. En la actualidad, de este camarín falta toda la parte trasera por motivos que explicaremos más adelante.

Entre los dos murales está situada la ventana redonda ya mencionada y justo debajo de ella nos encontramos con una hornacina sin adornos. Con la puerta que da acceso a la torre, a los pies de la iglesia, se completa el contenido estructural de la nave del evangelio.

Las paredes que forman la parte de los pies de la iglesia están libres de adornos, solo la ventana de la nave central rompe la estructura. Esta zona ha sufrido en las últimas décadas una serie de reformas que han cambiado por completo la fisonomía de la iglesia y que también explicaremos a continuación. Solo decir que una posible **joya** de la iglesia desapareció en una de esas reformas.

A los pies, pero dentro ya de la nave de la epístola, se encuentra la entrada al baptisterio; un hueco cubierto con un arco de medio punto sin puerta da acceso u una pequeña estancia cuyo estilo totalmente neutro no es posible encuadrarlo ni en el mudéjar ni en el barroco. Observando su encaje con los antiguos muros, está claro que no formaba parte de la construcción original, sino que se llevó a cabo años o décadas o siglos después, por lo que se puede considerar como un añadido relativamente moderno. Una ventanilla y la pila bautismal en el centro de la habitación son lo único destacable allí dentro.

En esa parte de la iglesia nos encontramos paredes desnudas, sin pinturas murales, pero con tres hornacinas que rompen su continuidad. Las dos hornacinas laterales son similares a las existentes en el resto del templo, presentando una de ellas una cruz tallada en el interior y la otra, más pequeña, unas molduras con motivos vegetales que adornan la pequeña cúpula que la cubre. La última hornacina, situada en el centro de la pared, justo enfrente de la puerta de entrada, llama la atención por su forma y tamaño. No es como todas las hornacinas que contiene el templo, en las que se aprecia que se han ido labrando en las paredes a lo largo del tiempo para contener imágenes de santos, siendo todas ellas de reducido tamaño, sobreelevadas y con el clásico remate superior en arco de medio punto abovedado hacia el interior. En esta, en cambio, al ver su tamaño, su arranque desde el mismo suelo y su remate superior formado por un arco rebajado, que está claramente realizado a la par que se levantó el muro, hace pensar que quizás allí antiguamente existía una puerta de acceso al cementerio, situado en el exterior de esta parte de la iglesia, y que sería tapiada cuando a finales del siglo XIX y a principios del XX se empezaron a adosar nichos en el exterior de toda esa fachada.

El suelo de la iglesia, en la actualidad y tras la última reforma, es de mármol rojo y blanco colocado como un damero, aunque el suelo original estaba compuesto de losas de barro cocido. Un ejemplo de ese material todavía lo podemos ver en la sacristía y en la capilla trasera del presbiterio, únicos sitios donde aún se conserva.

Los desastres, las reformas y el patrimonio perdido

Son muchos los ataques que un edificio de las características de una iglesia antigua sufre de una manera o de otra a lo largo de su historia. Guerras, terremotos, reformas, incendios, robos y expolios son acontecimientos que hacen que los edificios vayan perdiendo su primitiva imagen, unas veces para bien, pero la mayoría de las veces para mal, destruyéndose en ocasiones partes del edificio, estructurales o decorativas, que son imposibles de recuperar, puesto que ni siquiera en la memoria colectiva de la gente llegan a conservarse.

La iglesia de Cútar ha sido víctima de esos ataques en numerosas ocasiones y por culpa de ello ha perdido un valor patrimonial importante que no ha sido registrado nunca. En una iglesia edificada con la más absoluta austeridad, equiparable a la de una sencilla mezquita, todas las obras realizadas a lo largo de sus primeros siglos han intentado aportar vistosidad al templo: los camarines, las hornacinas para guardar imágenes, los frescos de las paredes y sobre todo la capilla trasera del presbiterio han ido aportando algo al valor que por sí mismo tiene el edificio. Frente a eso, las consecuencias desastrosas que para él han supuesto las guerras y las reformas que ha padecido, sobre todo durante el transcurso del siglo XX, han menguado considerablemente su patrimonio, atacando por igual al continente y al contenido.

Pero el primer dato que podemos aportar sobre pérdidas de patrimonio sufridas en el templo no tiene nada que ver con guerras o reformas, sino con un robo que se produjo en el interior de la iglesia y que, según parece, supuso la pérdida de todos los ornamentos y objetos de valor que se guardaban en el templo. La noticia tuvo alguna transcendencia, pues apareció reflejada en varios periódicos[XX] de tirada nacional. Aquí transcribo el artículo que sobre ese hecho apareció el miércoles 20 de marzo de 1895 en el diario madrileño *La Correspondencia de España,* en el número 13.557, página 3, y que es donde mejor se explica lo sucedido:

> *Robo sacrílego*
> *Vélez Málaga 18, 3*
>
> *Anteanoche varios ladrones penetraron en la iglesia del próximo pueblo de Cútar y robaron algunas alhajas, el copón, los cálices, las coronas de las imágenes, ornamentos y cuantas prendas de valor había en la iglesia, hasta el punto de que tuvo el señor cura necesidad de servirse de los ornamentos del párroco de Borge para poder celebrar misa el domingo.*
>
> *Para penetrar los ladrones en la iglesia se valieron de una escala, colocada debajo de una ventana.*
>
> *Asegúrase que las herramientas que emplearon fueron también robadas en una casa de campo próxima al pueblo, de donde se llevaron además una escopeta, cuya baqueta ha sido encontrada en la iglesia.*
>
> *Los autores se ignoran todavía. -El corresponsal.*

Ese robo supuso una gran pérdida para la parroquia, pues todos esos ornamentos y joyas sustraídos es seguro que serían antiguos y de gran valor material e incluso histórico; sin embargo, y sin ninguna duda, el episodio más negro en la historia de la iglesia cutareña tuvo lugar en los primeros días del estallido de la guerra civil. En estos días…

«... *se quemaron las imágenes de la iglesia por culpa de elementos revolucionarios del vecino pueblo de Benamargosa que en número considerable se presentaron en esta localidad...*»[XXI].

Esta cita está sacada de la instrucción del juicio militar celebrado una vez acabada la guerra civil y por el que se condenó a los cutareños que formaban el Comité del Pueblo a la pena de muerte; víctimas inocentes que sufrieron la furiosa represión franquista de después de la guerra, puesto que el único crimen que se les pudo imputar fue pertenecer a dicho comité. Durante el juicio no se pudo demostrar la participación de ninguno de ellos en la quema de las imágenes de la iglesia ni en ningún otro delito, pero en fin, esa es otra historia.

No sabemos el total de las imágenes que ardieron en ese día, pero sí se conoce algo del patrimonio que desapareció. Gracias a la labor recopilatoria de Juan Temboury[XXII] sabemos que la iglesia de Cútar contaba desde el año de 1583 con una imagen del Cristo de la Vera Cruz, realizado por el entallador Lucas Carranza y remozado por el pintor Francisco de Holguín. También, según Temboury, en 1601 el dorador Juan Cornejo realiza un San Roque destinado a la iglesia de Cútar. Estos imagineros fueron muy importantes en la Málaga de finales del siglo XVI[XXIII]. Otra imagen desaparecida es la titulada Limpia Concepción de Nuestra Señora, para la que se compra, allá por el año de 1635, una *«hechura de imagen»* al platero Jacinto Vázquez de Herrera, valorada en 197 reales[XXIV]. Otra imagen desaparecida es la de Nuestra Señora de los Ángeles, patrona del pueblo junto con San Roque, de la cual no se tienen referencias y de la que solo queda una foto antigua en la que se la ve engalanada para salir en procesión. Como se puede ver, no es poco lo perdido en cuanto a imaginería religiosa, pues las tallas desaparecidas eran antiguas y algunas realizadas por artistas de renombre.

También en esos años se destruyeron todos los libros sacramentales de la parroquia, los de bautismos, defunciones y casamientos, además del archivo parroquial, que conservaba la correspondencia y las comunicaciones mantenidas con la sede del obispado durante siglos, desapareciendo así una fuente importantísima de información local.

Otro episodio de la guerra que trastornó durante años el uso público del edificio se inició el 10 de noviembre de 1936. Mediante un oficio administrativo, archivado en el Ayuntamiento con el número 256[XXV], el Comité del Pueblo comunica al administrador de Contribución Central y Propiedad del Estado la incautación de la iglesia parroquial, que queda destinada desde ese día para almacenes municipales, manteniéndose de esa manera hasta el fin de la guerra. Quedan como prueba del uso como almacén las marcas y cuentas que aparecieron en la base del pilar de la nave de la epístola más cercano al presbiterio, que están tapadas en la actualidad.

Acabada la guerra, la situación de la iglesia se normaliza y es de suponer que se comienza a dotar de nuevo al templo de ornamentos e imágenes, pero también comienza a sufrir una serie de reformas que cambian por completo su fisonomía. Allá por el año 1953 se produce la primera de las reformas, supongo que patrocinada por el obispado como dueño y titular del inmueble, en la que se comete el mayor de los atentados contra el valor artístico y arquitectónico del edificio: la construcción del inmueble que se adosó a la fachada principal y que fue conocido durante años como «el teleclub».

Este edificio, consistente en un gran salón con tres ventanas que se asomaban a la plaza y al que se accedía por una puerta desde la pequeña explanada que quedó tras su construcción delante de la iglesia, fue en ocasiones escuela, centro de reunión juvenil y por último discoteca, por lo que su valor social en el pueblo fue indiscutible; lo malo es que para ponerlo en funcionamiento se hizo necesario privar a la iglesia de su fachada principal, lo que llevó aparejada la destrucción de toda la parte trasera del camarín de la nave del evangelio, cuya fábrica sobresalía de la fachada, así como la pérdida de la gran puerta que durante siglos guardó la entrada de la iglesia y que los vecinos de mayor edad describían como un enorme portón de dos hojas claveteadas. Este portón fue sustituido incomprensiblemente por una endeble puerta de persiana de cuatro hojas, que creo que nunca acabó de cerrar bien. Recuerdo que siempre se comentó en el pueblo que la antigua puerta fue vendida por el cura a un cortijo de la zona de Antequera, aunque es imposible saber si este rumor es cierto o simplemente nació de la maledicencia popular.

Lo que sí es cierto es que al eliminar la entrada natural de la iglesia se hizo necesaria dotarla de otra y, con tal motivo, se demolió la capilla que existía a la derecha del altar mayor, esa que estaba enmarcada en el interior con los murales ya conocidos. Esta capilla era posiblemente la que contenía la decoración más elaborada, seguramente construida en el siglo XVIII, en pleno Barroco, y posiblemente contenía la imagen del Cristo de la Vera Cruz que fue quemado durante la guerra. El exterior de esta capilla sobresalía de la fachada y no tenía las paredes rectas y perpendiculares, sino que presentaba varios vértices, formando como mínimo cinco paños de muro cubiertos con tejado morisco cada uno de ellos, separados por sus correspondientes limatesas. La fuente de información que manejo para lanzar las anteriores afirmaciones es de lo más fidedigna, y también personal, pues fue mi propio padre quien me contó en numerosas ocasiones cómo eran aquella capilla y aquel Cristo que él pudo contemplar durante su juventud, antes de que estallara la guerra y desapareciera. Empleando sus palabras, podemos decir que allí había un camarín muy bonito, con muchos adornos, en el que había un Cristo crucificado; pero, como se ha dicho, todo eso se destruyó para situar allí la nueva entrada de la iglesia.

Pasados los años el teleclub fue derruido y se ha vuelto a colocar un portón en la entrada original de la iglesia, tapiando la otra entrada. Aunque esto ha supuesto devolver parte de su primitiva imagen al templo, el atentado contra la estructura y el contenido artístico de la iglesia estaba hecho y eso ya es imposible de recuperar.

Unos quince años después de esta intervención se llevó a cabo otra reforma que, cómo no, supuso un cambio radical en la estructura de la iglesia. La reforma consistió en el cambio de lugar del altar mayor, que se situó en los antiguos pies. Para ello se construyó en la nave central un espacio elevado de forma rectangular, en donde se ubicó el nuevo altar y al cual se accedía por unas gradas formadas por tres peldaños que recorrían todo su perímetro; asimismo, la pared trasera se «embelleció» con una especie de alicatado, realizado con losetas de las llamadas catalanas, que imitaba la forma y la altura de los arcos de la iglesia. De esta manera el antiguo presbiterio se transformó en los nuevos pies y el acceso de la torre en sacristía, quedando la antigua convertida en trastero. También en esa reforma se eliminó la antigua solería de barro y se colocó una de losetas de terrazo. Al realizar el picado del antiguo suelo apareció en la nave central, justo delante del presbiterio, un hueco en el suelo en el que aparecían algunos nichos superpuestos, como si de unas catacumbas se tratara, pero creo recordar que ese hueco sirvió para contener los escombros que la obra generaba.

Esa fue básicamente la obra que se realizó en aquella ocasión, que llevó aparejada, cómo no, otra gran pérdida en cuanto a riqueza patrimonial y artística se refiere, pues justo en el sitio que ocupó desde aquel momento el nuevo presbiterio se alzaba el antiguo coro de la iglesia. La tribuna del coro, un armazón de madera sostenido por dos columnas de hierro forjado y al cual se accedía por una escalera lateral también de madera, estaba compuesta por varias gradas o filas de asientos y en ella se encontraba instalado un viejo órgano, ya cascado, recuerdo de tiempos mejores para la feligresía, en los que en la iglesia se oían sus armoniosos sonidos. Todo este conjunto, escalera y coro, fue destruido para dejar sitio a la nueva distribución de la iglesia, mientras que el viejo órgano acabó sus días en el trastero en el que se había convertido la antigua sacristía.

Al fondo de la anteriormente mencionada fotografía de la Virgen de los Ángeles se puede contemplar, detrás de uno de los pilares de la iglesia, un poco de la barandilla que cercaba al coro, de estructura muy simple, de la cual tengo la suerte de conservar un trozo, de algo más de un metro de longitud, que hace tiempo encontré arrumbado en un corral del pueblo.

Otra actuación que se llevó a cabo en el entorno de la iglesia, aunque no afectó a su estructura, sí restó valor al patrimonio municipal. La obra se realizó con el fin de facilitar el acceso de vehículos a la plaza de la Iglesia y, por tanto, al resto del pueblo, y consistió en la demolición de una escalinata que desde la fuente pública ubicada en la plaza subía adosada a la pared hasta la explanada o terraza de la entrada de la iglesia. La escalinata, de poco más de un metro de ancho, estaba construida con el frente de los peldaños en sardinel de ladrillos, muy desgastados por el uso, y el resto de la huella montada con losas de barro, estando cercada toda la subida con un peto macizo de obra coronado con las mismas losas de barro de los peldaños. La antigüedad de esta escalinata no está documentada, pero en el plano más antiguo que se conoce del pueblo, que se realizó en 1896, ya aparecía reflejada[XXVI]. El tiempo ha demostrado lo inútil que resultó esta pérdida, puesto que en la rampa que baja hacia la plaza, en el lado opuesto a donde estaba la construcción destruida, se han montado unos escalones para el acceso peatonal a la iglesia, restando a la calle exactamente el mismo espacio que se ganó al quitar la escalinata.

Por último, otras dos reformas se llevaron a cabo en las últimas décadas, pero estas no ocasionaron daños, sino que sirvieron para consolidar y embellecer el edificio, además de sacar a la luz trazas de su historia que llevaban escondidas muchos años. En la primera de ellas se practicó una cuidada restauración de todas las armaduras y tejados de la iglesia; en realidad, se desmontaron en su totalidad, cambiando todo el armazón de madera, que se encontraba muy deteriorado, y montando uno nuevo, respetando forma y estilo, con lo que al acabar la obra no se notó la diferencia. También en esa reforma se eliminó el enfoscado de los últimos pisos de la torre y se eliminaron las numerosas capas de cal del interior, que también estaban cayéndose en algunos sitios. Al realizar esta faena los operarios se encontraron con la sorpresa de que detrás de esas capas de cal se escondían los murales que, a modo de retablos, enmarcaban los camarines de la iglesia. Además de los dos murales que están hoy a la vista, se encontró otro encima de la puerta de acceso a la torre, un tenebroso mural de colores oscuros que, según los entendidos, simbolizaba las penas del purgatorio; este mural fue de nuevo tapado para su mejor conservación.

En la siguiente reforma, realizada por una escuela taller, otra vez se picó todo el suelo con la intención de sustituirlo por el damero de mármol rojo y blanco que luce la iglesia en la actualidad; además, se cambió la ubicación del altar mayor, volviendo de nuevo a la distribución original del templo. Durante las faenas de picado del suelo afloró una gran cantidad de nichos, fabricados con ladrillos formando pequeñas bóvedas de cañón, repartidos por toda la superficie de la nave central, demostrando que durante los primeros tiempos del templo en él se enterró a una gran cantidad de personas, posiblemente los personajes más notables de la localidad. Estos enterramientos fueron estudiados, catalogados y cubiertos posteriormente con una lámina geotextil de protección y con hormigón.

Para finalizar voy a mencionar un «ataque» que se viene produciendo en el interior de la iglesia y que no se corresponde con ninguna reforma estructural, pero que, en mi modesta opinión, está trasformando la esencia artística e histórica del templo.

Desde hace pocos años, a la izquierda del presbiterio, en la nave del evangelio, se ha ubicado la imagen de Nuestra Señora de los Ángeles, que junto con San Roque comparte el patronazgo del pueblo. Ese rincón se está convirtiendo poco a poco en un auténtico escaparate de cortinajes y abalorios de dudoso gusto que, como antes dije, no tiene nada que ver con la estética de una iglesia mudéjar. Este ataque estético no tendría la menor importancia si no fuera porque ya se ha visto afectado el mural que adorna desde hace siglos esa pared. Los nuevos cortinajes están tapando la visión de dicho mural, de mucho más valor histórico que cualquier adorno que quieran poner allí; además, para sujetar esos cortinajes y para colocar unos candelabros a ambos lados de la imagen se han hecho unos taladros en la pared, encima justo de las pinturas, que sí son un ataque a la integridad física de los frescos.

Ya que a nadie parece preocuparle el que personas particulares hagan y deshagan a su voluntad en la iglesia del pueblo, y aunque sé que a mucha gente no le va a gustar lo que escribo, aquí dejo mi queja para que, por lo menos, quede constancia de ella.

Y estos son los avatares que ha sufrido y padecido el templo a lo largo del tiempo, que han mermado considerablemente su valor artístico y patrimonial, a pesar de lo cual sigue siendo uno de los edificios religiosos más importantes de la zona.

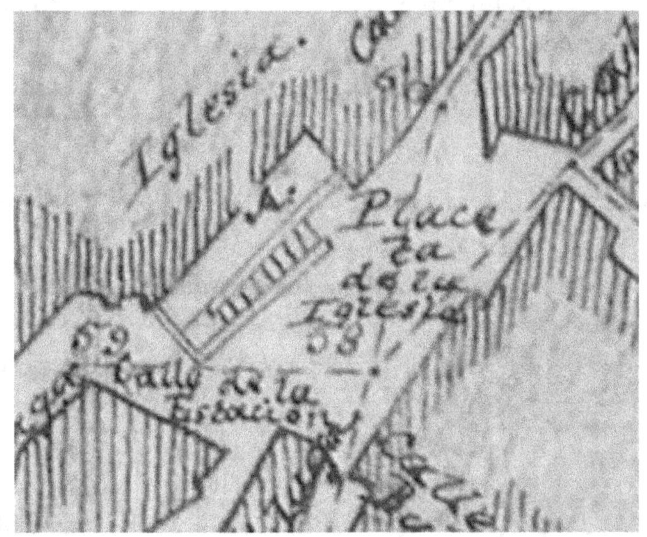

Este es un recorte del plano de Cútar de 1896 (ver nota XXVI) en el que aparece la antigua escalinata que desde la plaza de la Iglesia subía hasta el templo

El molino

En la introducción de este cuaderno se dijo que la fisonomía de la alquería musulmana muy poco se diferenciaría de la actual y que contaría como mínimo con un molino. En el momento actual está claro que el molino está presente en el pueblo, pues su edificio todavía se mantiene en pie a pesar del abandono que sufre desde hace años; además, podemos probar que en los siglos XVIII y XIX ese mismo molino ya existía, y también podemos tener la certeza de que en siglo XV, recién incorporada a la corona de Castilla, la alquería contaba con un molino que posiblemente fuese el mismo o, mejor dicho, posiblemente estaría ubicado en el mismo lugar del actual.

Antecedentes históricos

Aunque durante buena parte del siglo pasado convivieron en Cútar dos molinos funcionando a la vez, uno en la parte alta del pueblo, casi bajo los muros de la iglesia, y otro abajo, cerca de la cañada del Charcón, este, el de la parte baja del pueblo, con toda seguridad es el más antiguo y posiblemente es el que siempre ha estado presente, por lo que es de él del que vamos a hablar.

Una prueba de la antigüedad del edificio actual la podemos obtener consultando el mismo plano que mencionamos antes cuando hablamos de la escalinata de acceso a la iglesia: en el plano de Cútar de 1896 aparece reflejado un molino ubicado exactamente en el mismo lugar del existente hoy en día, además de aparecer la calle del pueblo por la que se llegaba a él como calle del Molino, nombre que se sigue manteniendo en la actualidad.

Si retrocedemos aún más en el tiempo, concretamente a finales del mes de agosto de 1752, nos encontramos con que en esos días en Cútar se llevó a cabo la encuesta o investigación que se ha dado en llamar el Catastro del marqués de la Ensenada[39]. Con este catastro y mediante un interrogatorio compuesto por cuarenta preguntas, realizadas a los personajes más relevantes de las localidades que se visitaban, los encuestadores intentaban averiguar los recursos con los que contaba cada uno de esos pueblos. Mediante una de esas preguntas, la 17 concretamente, se intentaba averiguar **«s***i hay algunas minas, salina, molinos… u otros artefactos de la industria»* en Cútar, a lo que se contesta que:

> *«A la diez y siete pregunta dixeron que en esta villa y su termino ay dos molinos de azeyte, uno propiedad de Pedro Joseph y Juan Gallego que muele con vestia y de una muela suelese coguer de utilidad este año treinta arrobas de azeyte y el otro molino es propiedad de Juan Marín vecino de la villa de Benamargosa y muele con vestia y de una muela del suelese coguer de utilidad por tener menos molienda que el anterior veinte arrobas de azeyte y no ay otra cosa de que contiene la pregunta y responden».*

Un sencillo análisis de la respuesta nos dice que en el pueblo había en esos años dos molinos, que funcionaban mediante la ayuda de tracción animal, aunque no podemos saber con seguridad si los dos estaban ubicados en el casco urbano o bien uno de ellos se localizaba fuera, pero dentro de su término municipal. Lo que es seguro es que el molino propiedad de **Pedro Joseph** y **Juan Gallego** sí se encontraba dentro de la villa, puesto que a la pregunta 40, la última de la encuesta, se contesta que:

---

[39]   Con este catastro se pretendía conocer la riqueza de las 15.000 localidades, que fueron sometidas a un riguroso interrogatorio de cuarenta preguntas, mediante las cuales se intentaba averiguar las propiedades (tierras, edificios, ganados, además de los oficios y rentas) que poseían los habitantes de las poblaciones encuestadas para conseguir que cada individuo contribuyera a la hacienda real de forma proporcional a su riqueza. A pesar de la minuciosidad con que se realizó el catastro, existe constancia de que el engaño y el fraude fueron cosa habitual en los resultados obtenidos.

«… hay en esta villa un censo suelto impuesto sobre el molino de azeyte propio de Pedro Joseph y Juan Gallego vecinos de esta villa y por el que se paga anualmente a su Magestad ocho ducados, y su administración corre por la Real Hacienda de Poblacion cuya tesoreria parese esta a cargo de don Pedro Pascazo vecino de Granada a quien se la satisface y responden».

Con la pregunta número 40 se investigaba si el rey poseía en el lugar encuestado propiedades o rentas, cómo se administraban y cuánto producían si efectivamente tales rentas existían. De la respuesta que se dio a la pregunta se deduce que una parte o la totalidad del molino en cuestión pertenecía al rey y por esa parte Pedro Joseph y Juan Gallego debían pagar el impuesto correspondiente a la Real Hacienda de Población, con sede en Granada, cuyo administrador era en esa época don Pedro Pascazo, con quien debían ajustar cuentas cada año.

Esta titularidad real del molino del siglo XVIII fue consecuencia directa de un hecho histórico acaecido muchos años atrás, concretamente en 1570, cuando se llevó a cabo la deportación en masa de todos los moriscos del reino de Granada hacia el interior de la península. A partir de ese momento se inició el proceso de repoblación de los pueblos y lugares que, tal y como sucedió en Cútar, quedaron despoblados como consecuencia de dicha deportación. Todos los bienes de los moriscos pasaron a ser propiedad de la Corona, que los repartió entre los nuevos pobladores, encargándose de todo el proceso una institución creada ex profeso para tal fin, el denominado Consejo de Población, que se ubicó en Granada. Cada nueva familia repobladora que se asentaba en los lugares afectados por la deportación morisca recibía una **suerte de tierras,** un lote de propiedades que comprendía generalmente casa y corral y una serie de parcelas con diferentes cultivos: olivos, viñas, almendros, tierras de cereal, etc. Las propiedades inmobiliarias tales como molinos de aceite o de harina que existían en el lugar repoblado también eran repartidos, quedando en manos de nuevos propietarios que gozaban del uso y disfrute de dichas propiedades, aunque con ciertas condiciones impositivas.

Conforme a una reglamentación de los años 1577-78, los receptores de esos lotes y propiedades quedaban obligados al pago de una serie de impuestos llamados rentas de población[XXVII], entre los que se distinguían los censos perpetuos, que pagaban todos los lugares repoblados en su conjunto, y los censos al quitar o censo suelto, que pagaban las haciendas individuales; y este, parece ser, es el impuesto al que todavía estaba sujeto el molino de Cútar en 1752. Las rentas de población continuaron pagándose hasta 1845, año en el que fueron abolidas definitivamente.

La cuestión es si el molino de Cútar en 1570 pertenecía a algún morisco deportado, cuya propiedad fue expropiada y después entregada a un nuevo dueño, y por los datos históricos que conocimos en la primera parte de este cuaderno podemos estar casi seguros de que así fue: a resultas de otra serie de expropiaciones y repartos de propiedades que se llevaron a cabo en los últimos años del siglo XV, se puede afirmar que los antiguos dueños de ese molino, antes de la deportación, fueron los descendientes moriscos del último alguacil **moro** de Cútar.

Tras rendirse Comares y su taha a los Reyes Católicos, quedó registrado en las capitulaciones el derecho que tenían los musulmanes vencidos a cruzar **allende,** al norte de África, sin que se les pusiese ningún obstáculo, pasando los bienes de los musulmanes que decidían marcharse a ser, cómo no, propiedad real. Esos bienes (casas, huertas, parcelas de todo tipo y, por supuesto, molinos) fueron posteriormente repartidos entre nuevos colonos cristianos viejos, pero también buena parte de esas propiedades se entregó, como pago por servicios prestados a la Corona, a algunos mudéjares que aquí se quedaron.

Uno de esos mudéjares fue el ya conocido **Abrahen Aluduen,** alguacil moro de Cútar, que el 26 de febrero de 1494 presenta ante el corregidor Juan Alonso Serrano una cédula firmada por el rey Fernando que recogía el siguiente mandato:

> *«El Rey.—Por la presente acatando algunos servicios que vos Abrahen Aluduen alguazil de la villa de Cuta tierra de la villa de Comares me aves fecho e espero que me fareys de aquí adelante, mi merced y voluntad es de vos hazer merced de seis fanegas de tierra de sembradura que son en Bulillas termino de la dicha villa que fueron de Abrahen Atagari e de Hamad el Muleyqui vecinos que fueron de a dicha villa, e asi mesmo vos fago merced de la parte que a mi pertenesce del molino de azeyte que fue de Hamad Hacen en la dicha Cuta para que sea vuestro propio y despues de vos de vuestros herederos»[XVIII].*

El corregidor, después de leer la cédula, mandó que el escribano Antón López de Toledo diese posesión de los bienes concedidos al alguacil de Cútar mediante un acto público, que se llevó a cabo ante varios testigos, entre ellos el alcaide de Comares, Francisco de Coalla, y que se celebró de la siguiente manera:

> *«(…) estando delante de la puerta de un molino de azeyte que esta en el dicho lugar que ha linderos con haça de Mahomad Cercil e con casa de Ali Aluden fijo del dicho alguazil la calle en medio, el dicho Abrahen Aluden alguazyl del dicho logar entro e tomo posesión de la parte del dicho molino e por acto della abrió las puertas del dicho molyno entro dentro y cerrolas sobre sy e volvió a abrir y dixo que aquello fazia e fizo en señal de posesyon (…)»[XXIX].*

La «ceremonia» se desarrolló sin ninguna oposición y a partir de aquel día el molino pasó a ser propiedad del alguacil de la villa, aunque en el documento en el que quedó registrado el acto se le advierte al nuevo propietario que los reyes se reservaban las *«rentas e derechos»* que generase el molino, que en la práctica seguía siendo propiedad de ellos, gozando Abrahen solamente del usufructo del mismo. El alguacil, pocos años después, se vio forzado a la conversión general y se convirtió en cristiano nuevo, morisco, llegando él o sus descendientes a 1570, el año de la deportación de su gente, como propietarios del molino, el cual sería nuevamente expropiado por la Corona y posteriormente entregado a un nuevo repoblador, a un nuevo vecino de Cútar.

Como se puede ver a tenor de la documentación histórica existente, la situación legal en los dos casos (la del molino en el siglo XVIII y la del molino del siglo XV) es similar: personajes locales que no son más que simples usufructuarios de un molino propiedad del monarca reinante en cada época. ¿Podría tratarse, por tanto, del mismo molino, que mantuvo el mismo estatus legal a lo largo de siglos?

Posiblemente sí, pues otro hecho que se deduce al leer la última cita es que el edificio del molino del siglo XV ya estaba, en aquellos lejanos tiempos, integrado en el casco urbano de la villa, puesto que, si bien por un lado sus muros lindaban con una *haça,* otra parte del edificio daba a una calle que lo separaba de la casa del propio hijo del alguacil, llamado Ali Aluden, con lo que la situación espacial del antiguo molino coincide exactamente con la actual: en la parte trasera del edificio existe una haza de olivos centenarios y por la parte delantera discurre la calle Molino. Como ya se dijo, la fisonomía de la *qarya* musulmana, de la villa del siglo XVIII y XIX y la del pueblo actual muy poco ha cambiado con el paso del tiempo.

Por otro lado, la ubicación del edificio es la más lógica si tenemos en cuenta a qué finalidad estaba destinado. Según el historiador Carlos Gozalbes Cravioto[XXX], en las alquerías andalusíes los molinos solían ubicarse cerca de algún arroyo que les facilitaba el agua necesaria para su funcionamiento, y la vía principal de acceso a ellos generalmente se denominaba «calle del Molino». En el caso de Cútar, efectivamente, se cumplen las dos premisas, puesto que ya hemos visto que la calle de acceso al edificio se denomina calle Molino y además se encuentra en las proximidades, a unos escasos cien metros, de la cañada del Charcón, perfectamente capaz de abastecer de agua al molino en la época del año, invierno, en la que se realizaban las faenas de molienda. Quizás en el presente, con la pertinaz sequía que padece la comarca, solo durante unos pocos días al año baja la cañada llena de agua, pero no hace mucho tiempo (yo fui testigo de ello) en primavera era posible encontrar un escaso pero continuo caudal de agua en la cañada. En el pasado, con niveles de lluvia más altos y con menos abuso de los recursos disponibles, posiblemente no faltaría el agua en el Charcón, motivo por el que, aparte de ubicarse allí el molino, la ribera de la cañada estaba llena de huertas familiares que contaban todas con una pequeña alberca que recogía el agua de la cañada para sus riegos.

Funcionamiento de los molinos tradicionales

Poca o ninguna diferencia se puede encontrar en la forma de trabajar de los molinos de Abrahen Aluduen y de Pedro Joseph y Juan Gallego, aunque las distintas épocas en las que vivieron estos personajes estén separadas por siglos. La maquinaria y el funcionamiento de los antiguos molinos aceiteros o almazaras fue prácticamente la misma desde tiempos de los romanos hasta casi el presente, pues estos, los romanos, desde el siglo I antes de nuestra era extendieron por todas las zonas del Mediterráneo donde era común el cultivo del olivo un tipo de molino conocido como **mola olearia**[XXXI].

La maquinaria y el sistema de trabajo de los molinos aceiteros se ha mantenido casi sin cambios a lo largo de siglos, por lo que resulta fácil imaginarnos cómo era el molino de Cútar cuando se puso en marcha, allá por la Edad Media, y cómo continuó siendo hasta que la llegada de la maquinaria eléctrica, que se instaló en el molino en algún momento del siglo XX, le hizo dar un salto hacia la tecnología moderna, puesto que, hasta ese momento, el molino siempre habría funcionado con la ayuda de tracción animal, con «*vestia*».

En el siguiente grabado, realizado en el año 1600, se muestran todas las partes mecánicas y las distintas faenas que se desarrollaban dentro de un molino del tipo *mola olearia*. Aunque es posible que en cada comarca andaluza cada una de las partes mecánicas y faenas características de un molino se conozcan en la actualidad con nombres distintos, en el antiguo reino de Granada la nomenclatura más común para dichas partes es la que utilizamos a continuación.

Olevm Olivarvm. Grabado de Johannes Stradanus realizado en el año de 1600
©British Museum

Las piedras de molino tradicionales que todos conocemos, porque se pueden ver expuestas en lugares públicos tales como plazas o museos etnológicos de numerosos municipios de la comarca, tienen forma troncocónica o cilíndrica y se conocían como **piedras correderas.** Se aposentaban sobre una piedra solera circular llamada **alfarje,** en el centro de la cual se elevaba un pivote, llamado **peón,** unido por medio de un palo, el **mayal,** a la albarda de un animal que podía ser un buey, caballo o mulo: la *«vestia»* de la que hablan en el catastro. El animal, no me pregunten por qué, tradicionalmente caminaba en sentido contrario al de las agujas del reloj y al tirar del mayal movía la piedra corredera sobre el alfarje de forma continuada, aplastando y triturando las aceitunas que se iban depositando en la piedra solera; de esta manera se extraía el primer aceite, el llamado aceite virgen, el de mejor calidad, quedando en el alfarje una pasta compuesta por la pulpa y el hueso de la aceituna. Esta masa se depositaba en unas esteras de esparto, llamadas **capachos** o **capachas,** en varias capas horizontales que se introducían en la prensa, compuesta por un madero horizontal que, al girar en torno a un tornillo labrado en otro madero vertical, hacía que una piedra «estrujara» la masa de la aceituna ya molida al mismo tiempo que se regaba con agua hirviendo, obteniéndose así una segunda porción de aceite.

El líquido obtenido en el prensado estaba formado por agua y **alpechín,** además de aceite, y se llevaba por una canaleta llamada **regaifa** hacia una vasija o depósito donde se decantaban los distintos líquidos, quedando el alpechín, por ser más pesado, en el fondo, el agua en el centro y el aceite en la superficie. Desde allí, una vez asentado todo el líquido, se trasegaba el aceite a vasijas de barro para ser almacenado y el alpechín se mandaba a las **jámilas** o alpechineras.

La pasta que quedaba en la prensa se conocía, y se conoce, con el nombre de **orujo** y sobre él se realizaba un segundo prensado, del que resultaban dos residuos diferentes: el aceite de orujo, también llamado **aceite de remolida,** y el orujo, que es simplemente el residuo sólido que resulta del hueso de la aceituna deshidratado. El aceite de orujo se utilizaba para la iluminación de los hogares y el orujo como combustible para los hornos y calderas del molino. De todo este proceso de triturado y prensado también se producían unas grasas llamadas **borras o turbios,** que se utilizaban para hacer jabón o para engrasar los distintos mecanismos y engranajes del molino.

Una parte importantísima de todo este proceso es el agua, que era necesaria para extraer durante el prensado el preciado aceite; por eso, y como ya vimos anteriormente, los molinos se ubicaban cerca de una vía de agua natural. Un depósito o aljibe para almacenar el agua y un horno para calentarla eran partes imprescindibles en los molinos de todas las épocas.

Todo ese proceso de la molienda estuvo severamente regulado con ordenanzas[XXXII] en las que se especificaba desde la cantidad de aceitunas que se podían moler a la vez hasta el tiempo que un animal podía estar trabajando sin descansar. Esta reglamentación intentaba que los dueños de las almazaras no cometieran abusos o fraudes contra los particulares que usaban las instalaciones para convertir sus aceitunas en aceite.

El molino actual

En la actualidad el molino y todo su conjunto llevan abandonados varias décadas. El edificio, adosado a la vivienda de sus antiguos dueños[40], se ubica, como ya se ha dicho, al final de la calle Molino. Consiste en una nave rectangular cubierta con un tejado a dos aguas de teja plana apoyada sobre una armadura de par y nudillo. A pesar de su abandono, todavía se puede contemplar la maquinaria clásica de molienda, piedras correderas y alfarje, a las que un motor eléctrico y una serie de poleas y fuertes correas se encargaron de dar movimiento en sus últimos años de funcionamiento. También una «moderna» prensa metálica puede verse en el interior del molino. De todo el conjunto, solo las paredes que forman la estructura del edificio pueden competir en antigüedad con las demás casas del pueblo; el resto del continente y del contenido del molino está claro que es relativamente moderno, fruto de las reformas que se han ejecutado en el edificio a lo largo del pasado siglo.

Una parte muy interesante de la almazara está en el exterior: un portón de dos hojas de madera claveteada da acceso desde la calle a un patio, cercado por un murete de piedra y barro, donde se encuentran los **trojes,** los compartimentos donde cada agricultor depositaba sus aceitunas a la espera de ser molidas y convertidas en aceite. Muchos de los trojes hoy en día están invadidos por un zarzal, que se ha hecho dueño del patio, pero queda alguno que todavía se puede contemplar. En otro patio trasero, al que se accede tanto por la vivienda como por el molino, existe una pequeña alberca que posiblemente contendría la reserva de agua necesaria para el buen funcionamiento del molino.

---

[40] En la actualidad el molino es propiedad municipal.

Las fuentes

«Debes saber que no hay vida animal ni crecen plantas sin agua». Esta afirmación tan acertada la expuso allá por el siglo XII un granadino experto en agricultura, llamado al-Tignarí[XXXIII], poniendo en evidencia la importancia que este elemento, el agua, tiene para la vida de hombres, animales y plantas. Conocedor de esa realidad, el hombre siempre ha buscado establecerse en sitios donde el suministro de agua, necesario para su subsistencia, fuera fácil y siempre estuviera asegurado, puesto que si hay algo vital para la supervivencia de los asentamientos humanos es contar con la presencia de agua en las cercanías de esos asentamientos.

Esta búsqueda del agua se ve claramente en la Axarquía, donde la mayoría de las antiguas aldeas o alquerías que fueron surgiendo a lo largo de la historia, de algunas de las cuales derivan los pueblos actuales[XXXIV], se fueron formando a pie de monte o en las faldas de los cerros de la comarca, pero siempre cerca de ríos o de arroyos capaces de proporcionar el agua necesaria para el consumo de los moradores de dichas aldeas.

Para la captación del agua se excavaban galerías o minas y pozos, buscando los acuíferos, o simplemente se aprovechaban los manantiales o **veneros** de los que, de forma natural, manaba el agua sin necesidad de buscarla, construyéndose, con la ayuda y el esfuerzo de toda la comunidad, acequias, aljibes y fuentes públicas para aprovechar de la mejor manera posible los recursos hídricos disponibles.

Aquí, en Cútar, tenemos el privilegio de conocer con detalle cuáles eran las fuentes y manantiales que abastecían de agua a los antiguos cutareños, pues estos nos dejaron en el pasado constancia escrita de dichas fuentes. En el **apeo de aguas,** que forma parte del libro de apeos y repartimientos de la villa que se realizó allá por el año de 1571 y que se encuentra depositado en el Archivo Histórico Provincial de Granada (Real Chancillería de Granada, pieza número 63, folios 60v y 64v), aparece el siguiente listado de fuentes, consideradas todas ellas como un bien de uso común:

«Libro de apeos de la villa de Cútar
Apeo de aguas

Arroyo que baja de Santonpitar: Tiene agua en invierno, lavando las mujeres en él, aunque en verano se seca y lo han de hacer en el río de Benamargosa.

Fuente de aina Alcaharia: Está a un tiro de ballesta de la villa, de la que se sustenta todo el lugar. Tiene poca agua en verano, encontrándose ubicada en el camino que va de Cútar a Vélez.

Fuente de aina Alvaida: Está a una distancia de un tiro de ballesta de la villa, en el camino de Cútar a Comares. En verano se seca.

Fuente de Ainalhagui: Alejada a un tiro de arcabuz de la villa, en el camino de Cútar a Comares. Siempre tiene agua.

Fuente de Ainatuta: A un tiro de ballesta de la villa. Seca en verano.

Fuente de aina Alarla: A un tiro de arcabuz de la villa. Con agua de ordinario.

Fuente de aina Yznacútar: A un tiro de arcabuz de la villa, con agua de ordinario.

Fuente de aina al-Maharaca: A dos tiros de arcabuz de la villa. Con agua de ordinario.

Fuente de aina Caçahalun: A dos tiros de arcabuz de la villa. Con agua de ordinario.

Todas las fuentes son de aprovechamiento común».

Estas son las fuentes y manantiales de los que se abastecían de agua, en aquellos lejanos tiempos, los habitantes del pueblo. Entre dichas fuentes hay dos que todavía siguen desempeñando su «trabajo» como fuente pública y que son fácilmente identificables. Una de ellas es la tan conocida *aina* Alcaharia o *aina* al-Qarya, fuente de la Alquería, que se encuentra al borde de la carretera de acceso al pueblo: la fuente árabe de la que ya hablamos anteriormente. La otra se encuentra más alejada y visitarla es más difícil, pues está apartada de todo camino transitado en la actualidad; sin embargo, esta fuente fue muy importante para la localidad, pues en su día posiblemente dio agua al *hins* Aqùt, al castillo del Cerro de Cútar, mientras que en la época actual, desde 1970, cuando se construyó el depósito-aljibe de la localidad, su agua se canalizó para abastecer dicho depósito, del que se ha surtido todo el pueblo durante años. Estamos hablando de la fuente que aparece en el apeo como *aina* Yznacútar.

Las otras fuentes del apeo seguro que se mantuvieron en uso a lo largo de siglos, aunque en la actualidad se han olvidado sus nombres originales y sea imposible localizarlas. En este pequeño trabajo describo la situación actual de las fuentes conocidas y presento otras cuatro, muy antiguas, usadas por los cutareños de antaño y completamente olvidadas y abandonadas por los de ahora. Alguna de esas cuatro bien pudiera ser alguna de las que integraban el apeo de aguas de la villa de Cútar de 1571.

Como de la fuente árabe ya se ha hablado, comenzaré con una pequeña fuente que se encuentra en el casco urbano del pueblo y que está íntimamente ligada a la primera, por ser allí donde llega en la actualidad el agua que se genera en el manantial de la fuente árabe, la *aina* Alcaharia de los repartimientos.

Fuente del Chorro

Ubicada al principio de la calle principal de la localidad (llamada, como no podía ser de otra forma, calle Fuente), en el sitio conocido como el Chorro, hay una pequeña fuente a la que, en la actualidad, llega el agua del manantial de la fuente árabe. No es una construcción antigua ni destaca por su estilo constructivo, pero su presencia nos recuerda que allí, en aquel lugar, existió un pilón o abrevadero cuya existencia se remontaría, como mínimo, al siglo XIX.

La fuente se encuentra adosada a un muro en el que una pequeña puerta enrejada deja ver unos helechos que crecen dentro, fruto de la humedad y del frescor que se mantienen allí durante todo el año; tras los helechos, una pequeña bóveda de cañón, realizada con piedra, ladrillos y mortero de cal y arena, se interna en la ladera de la montaña buscando el acuífero del que se alimentaba el pilón. Aunque no conozco la longitud de dicha bóveda, tampoco tiene eso mucha importancia, el hecho es que todavía genera agua, que va a parar a la fuente actual.

La construcción antigua del pilón está reflejada en el plano de 1896, en el que aparece como **fuente.** La forma reflejada en este plano no es recta, sino que hace esquina, ocupando el espacio de la fuente actual y llegando justo debajo de la puerta enrejada. Se podría pensar que esa fuente o pilón o abrevadero antiguo se perdió para siempre hace años, pero no es así: en 1998, realizando unas obras de asfaltado en ese lugar, al eliminar el piso antiguo nos llevamos la sorpresa de descubrir que a unos escasos cuarenta centímetros bajo el nivel de calle actual se encuentran intactos los petos que formaban el borde de la antigua fuente. Una fila de desgastados ladrillos colocados a sardinel, de más de treinta centímetros de soga, servía de coronación a los petos de la fuente y, aunque no pudimos excavar para desenterrarla, es bueno saber que al principio de la calle, protegida por veinticinco centímetros de hormigón, se encuentra la originaria fuente del Chorro.

Fuente de **aina** *Yznacútar*

La fuente de *aina* **Yznacútar** o **Iznacutar,** que también así aparece en algunas publicaciones, está situada a 479 metros de altitud, en la ladera oeste del Cerro de Cútar, a 34º 49' 31" norte y 4º 14' 4.10" oeste. Se encuentra a una distancia de 840 metros en línea recta del Ayuntamiento de Cútar y a 240 de la cima del Cerro. Si llegamos hasta la fuente por el antiguo camino que sube desde la localidad hasta el Cerro de Cútar tendríamos que recorrer 950 metros, y si desde la fuente subiéramos hasta la cima recorreríamos 350 metros más, siguiendo ese mismo camino.

Es la fuente más cercana a la cima del Cerro de Cútar y, por consiguiente, al castillo, el *hins* Aqùt, que estuvo ubicado en aquel lugar. Es lógico pensar que las gentes que moraron en el *hins* se surtirían de agua en aquella fuente porque, además de ser la más cercana, sabemos que se mantenía con agua todo el año, pues ya en el apeo de aguas nos decían que tenía «*agua de ordinario*».

Recordemos que Chavarría Vargas[XXXV] nos explica en su obra que el nombre de Iznacutar sería un topónimo menor derivado, con el pasar del tiempo, del nombre del castillo, *hins* Aqùt, que además daría nombre a toda esa zona: al Cerro de Iznacutar, al pago de Iznacutar y a la fuente, *aina* Iznacutar, allí situada, apareciendo con esos nombres en el libro de los repartimientos de Comares y en el libro de apeos de Cútar, realizados en los siglos XV y XVI, respectivamente.

Estamos hablando, por tanto, de una fuente con una antigüedad documentada de más de quinientos años, aunque si reconocemos que su uso estuvo ligado al castillo podemos remontarnos hasta el siglo IX o incluso más atrás, y hablar aquí de más de mil años de existencia y de uso continuado del manantial, lo cual la convierte en un bien público de gran importancia para los cutareños.

Ya en la introducción de este trabajo adelanté que desde 1970 el depósito que se encuentra en lo alto del pueblo, al pie de la carretera, se llenaba con el agua que llegaba canalizada desde este manantial a lo largo de más de un kilómetro de tuberías, pues era la única fuente capaz de proporcionar el agua suficiente para los seiscientos habitantes con que contaba la localidad en aquellos años. Bien es cierto que, en las décadas de los 70 y 80 del siglo pasado, padecimos algunos años de terrible sequía en los que se hizo necesaria la aportación de cubas de agua al aljibe, puesto que, aunque el manantial no se secaba, era incapaz de proporcionar el agua suficiente para el consumo, que aumentaba de forma considerable en los meses de verano por la llegada de muchos emigrados que retornaban para pasar las vacaciones estivales en su pueblo natal.

Con la construcción del pantano de La Viñuela, en 1989, el abastecimiento de agua de los pueblos de la Axarquía comenzó a depender de este pantano y los antiguos acuíferos de los que bebían estos pueblos quedaron en desuso, y entre ellos la fuente *aina* Iznacutar. A pesar del olvido «oficial» de la fuente, esta todavía sigue dando agua, aprovechada por los dueños de la parcela donde se ubica para el riego de los cultivos que se encuentran en sus cercanías.

No hay manera de saber cómo era la fuente o manantial en sus orígenes, pero, basándome en su configuración actual, me imagino que tendría una galería, un **qanat,** excavada en la pizarra para la captación del agua. Posiblemente, de esta forma se encontraba la fuente cuando en junio de 1970 se construyó la caseta que podemos ver en la actualidad, que alberga un pequeño aljibe donde se almacena el agua que llega desde la galería. El comienzo de esta es de obra moderna, consistente en dos muros de un pie de ancho construidos con ladrillos huecos colocados con aparejo gótico y coronados por una bóveda de cañón. La galería de obra conecta con la antigua mina, que se interna en la montaña hasta encontrar el acuífero del que se surte la fuente.

¿*Fuente de* aina *Alvaida?*

Nos contaron los que elaboraron el apeo de aguas que la fuente llamada *aina* **Alvaida** estaba situada en el camino de Cútar a Comares. En el plano de altimetría de las minutas cartográficas encontramos un camino con ese mismo nombre, camino de Comares, mientras que en la planimetría[XXXVI] de las minutas aparece como camino de la Fuente de los Enamorados. Sea cual sea el nombre que le demos, el trazado que seguía ese antiguo camino es el mismo que tiene el actual carril de los Enamorados o de la Casarona, que saliendo desde Cútar nos lleva hasta Comares.

Es en la cañada de la Albaida, a pocos metros por debajo del actual carril, en el fondo de un barranco y a la sombra de una enorme encina, donde nos encontramos con otra fuente antiquísima, situada en la orilla oeste de la cañada, que posiblemente se pueda identificar como la *aina* **Alvaida** del apeo de aguas de la villa.

Esta fuente está formada por una galería excavada en la pizarra que se interna en la montaña, cerrada por un murete que hace las veces de dique, aguantando las aguas que llenan la mina. Siempre, en las veces que he visitado este lugar, he encontrado la mina a rebosar, lo que prueba la calidad de este manantial, que también proporcionaba agua a la población en aquellos años de sequía de los que antes hablé. Con las aguas de esta fuente también se regaba una pequeña tabla de huerto, situada unos metros más abajo, donde todavía se puede ver en mitad de los zarzales que pueblan la cañada lo que queda de los naranjos y limoneros que se cultivaban allí.

Antiguamente el acceso a la fuente era muy fácil, puesto que desde el camino bajaba una vereda hasta la misma bocamina. La construcción del carril hizo que la bajada se complicase un poco; sin embargo, durante un tiempo se mantuvo transitable una pequeña vereda que desde el carril llegaba hasta la mina. En la actualidad la vereda ha desaparecido por completo, por lo que bajar a visitar la fuente es hoy en día prácticamente imposible debido a lo empinado del barranco en el fondo del cual se encuentra. Para llegar hasta la fuente desde el carril habría que ir preparado con equipo de escalada, aunque también se podría llegar por la cañada, desbrozando y abriendo paso por entre la maleza que puebla todo el entorno.

La fuente está situada a 36º 49' 50" norte y a 4º 14' 25" oeste y a una altura de 297 metros sobre el nivel del mar.

Fuente de los Enamorados

Si seguimos avanzando por el carril de la Casarona, antiguo camino de Comares, llegamos a un arroyo llamado de los Enamorados. Aquí, en esta cañada, también existió una fuente pública, registrada en las minutas cartográficas con el nombre de fuente de los Enamorados, que bien podría identificarse con otra fuente del apeo, la llamada fuente de **Ainalhagui,** que estaba situada en el camino de Cútar a Comares y que contaba con «*agua de ordinario*». Aunque no conozco la ubicación original de la fuente ni cómo estaba construida, supongo que estaría situada en el cauce de la cañada, donde hoy en día se pueden ver unos pozos cubiertos, de construcción no muy antigua, que abastecen de agua unos huertos de frutos subtropicales que se han adaptado perfectamente al terreno y al clima local.

Fuente de la cañada del Corbacho

La cañada del Corbacho, situada al este de la localidad, discurre de sur a norte hasta ir a desaguar en el río de Cútar. Con el pasar del tiempo la cañada ha formado, junto con numerosos arroyos asociados a ella, una importante depresión encajada entre empinadas lomas pobladas de viñas en las que aún se ven antiguos lagares, reformados unos y en ruinas otros, entre los que destacan el de los **Periquetes,** convertido en moderno chalet; el de **Bocanegra,** completamente en ruinas; o el del **Corbacho** o **de Joseíco,** que se mantiene intacto desde su construcción. Toda esta zona recibe el nombre de Los Corbachos y está coronada por el cerro llamado, como no podía ser de otra forma, del Corbacho.

Justo debajo del llamado puerto de Almáchar nace el arroyo del Corbacho y es allí, pocos metros después de hacerse arroyo, donde encontramos la fuente que nos interesa. No es una fuente muy importante ni creo que en su día fuese capaz de generar mucha agua, pero por la forma en que está construida merece ser incluida aquí, puesto que se corresponde con el ejemplo de fuente pública hecha para dar servicio a los lagares vecinos y a toda persona que se encontrase en las cercanías, aunque hoy en día su estado es de ruina y abandono.

La fuente es una pequeña construcción cuadrada, de aproximadamente 1,20 metros de lado, que sobresale del suelo unos ochenta centímetros, quedando bajo tierra un pocillo cuadrado de unos cincuenta centímetros de lado y con una altura difícil de precisar, puesto que los escombros cubren buena parte del mismo. No obstante, aún quedan libres unos sesenta centímetros de este pocillo que sería el contenedor, la alcubilla donde se recogería el agua.

Los muros que forman los cuatro lados del pozo arrancan desde los cimientos, formados por la misma pizarra, desapareciendo el muro frontal al llegar al nivel del terreno. A partir de ahí continúan el muro trasero, que hace las veces de muro de contención, y los dos laterales, que, con una anchura de entre veinte y treinta centímetros, sirven de apoyo a dos grandes lajas de pizarra que cubren la fuente como un tejado plano. Todo el conjunto está construido con mampuestos unidos con barro, usando para ello el material que se encuentra en el lugar; todas sus paredes están enfoscadas con el mismo barro, cernido y afinado, y encaladas posteriormente, sobre todo la parte del pozo para impermeabilizarlo y evitar así pérdidas de agua.

El agua llegaba hasta la fuente por medio de una canalización compuesta por tejas cubiertas con lajas de pizarra; el manantial de donde brota el agua está perdido, enterrado por avenidas de tierra y cubierto por una gran masa de vegetación. Cuando la fuente estaba activa los mismos dueños de la parcela donde se ubica serían los encargados de su limpieza y mantenimiento, pues estos mismos se aprovecharían del agua sobrante. Hacia la derecha de la fuente se pueden observar unos majanos de piedra que forman dos pequeñas terrazas donde se cultivarían algunas verduras regadas con esa agua sobrante.

Hasta la fuente llegaba en el pasado un camino vecinal que, arrancando desde el camino de Almáchar, frente a Cútar, bordeaba la loma del Corbacho, dando servicio de paso a la infinidad de parcelas que cruzaba en todo su trazado. Ese camino está desaparecido casi en su totalidad, por lo que campo a través es la única manera de llegar a la fuente para, una vez allí, contemplar la triste realidad de su estado actual.

Cuando hace unos seis años visité la fuente estaba falta de mantenimiento, pero intacta; sin embargo, cuando el día 30 de diciembre de 2017 me acerqué por última vez hasta allí me encontré con la desagradable sorpresa de que el muro lateral derecho está parcialmente derrumbado y parte del material que lo componía ha caído dentro del pozo, la alcubilla, que se encuentra llena de escombros.

Este derrumbe ha arrastrado tras de sí a una de las lajas que formaban el techo, que también se encuentra dentro del pozo. El muro del lado izquierdo está todavía en pie, pero amenazado por un granado silvestre que ha crecido pegado a él. Si este granado no se tala y continúa creciendo acabará por derruir también ese muro lateral, con lo que la pérdida de esta fuente, que forma parte de nuestro patrimonio, será total.

Las coordenadas geográficas donde se localiza son 36° 49' 29.82" norte y 4° 13' 29.55" oeste, encontrándose a 376 metros sobre el nivel del mar y a una distancia en línea recta de Cútar de 710 metros.

Fuente Peñas

El olvido por la falta de uso es el principal enemigo de las construcciones de piedra y barro perdidas en mitad del campo. Ya sean casas, corrales o fuentes, mientras son útiles, mientras hay alguien que saca provecho de ellas, se limpian, se reparan y se encalan. En el momento que dejan de usarse y que nadie se ocupa de su mantenimiento, pueden darse por perdidas, puesto que, sin cuidados, más tarde o más temprano sus muros se vendrán abajo.

Si pasamos la vista por el extraordinario paisaje de nuestra comarca es seguro que encontramos ejemplos de lo dicho: casillas y lagares derrumbados debido al abandono en el que han caído. La modesta fuente del Corbacho, que durante años nos prestó un importante servicio, está sucumbiendo también ante ese abandono y sé de otra fuente que, si no se pone remedio, también acabará por desaparecer: se trata de la conocida como fuente Peñas.

Situada en la pequeña cañada que baja desde la loma hasta el río de Cútar, enfrente del arroyo de la Dehesa, fuente Peñas es otra pequeña construcción de uso público, ubicada en una parcela privada, de la que ya nadie se acuerda y que si se mantiene todavía en pie es debido solamente a la pericia y maestría de sus constructores. Piedra, barro e infinitas capas de cal son los únicos materiales que componen esta construcción, de la que puedo decir que, aparte de su utilidad como fuente, presenta unas características singulares que la hacen única en la zona, pues no sé de ninguna otra que esté construida de la misma forma.

Fuente Peñas está compuesta por tres «unidades de obra», independientes pero unidas entre sí, que forman un conjunto homogéneo. La fuente es la pieza principal y está formada por un pocillo cilíndrico, con una base interior de unos setenta centímetros de diámetro y un metro de altura, excavado en la roca y forrado con mampuestos hasta llegar al nivel del suelo. A partir de ahí se elevan los muros de la fuente 1,20 metros, formando un tronco de cono, que arranca con el mismo diámetro del pozo y termina con 55 centímetros de diámetro en la parte superior. Al frente queda un trozo de muro abierto que hace la función de puerta. Todos los muros tienen un grosor medio de treinta centímetros, siendo ligeramente más gruesos en el arranque que en la terminación, donde una gran laja de pizarra de forma circular cubre todo el conjunto como si de un tejado plano se tratara.

Todo está construido con piedra y barro y solo el pocillo se halla enlucido, a diferencia de la fuente del Corbacho, que está enfoscada entera. Lo que sí presentan los muros que están al descubierto es una enorme cantidad de capas de cal que se les han ido aplicando durante años, lo que les ha dado la misma cohesión que si estuviesen enfoscados.

A unos tres metros a la izquierda de la fuente nos encontramos con una pequeña alberca, la segunda pieza del conjunto. Es curiosa porque, a diferencia de las albercas que abundan por las cercanías, que son cuadradas o rectangulares y están construidas sobre la superficie del terreno, esta es redonda y está embutida por completo en la tierra para permitir que el agua con que se llena, la que sale por el rebosadero de la fuente, pueda llegar hasta ella. La alberca tiene unas dimensiones de 1,70 metros de diámetro por 1,30 metros de altura y es de construcción relativamente moderna, puesto que está fabricada con ladrillos unidos con mortero de cal y arena de río, mortero con el que también se enfoscaron sus paramentos interiores.

En la parte posterior de la fuente y de la alberca se encuentra la tercera pieza del puzle. Se trata de un muro de piedra seca que se inicia desde la parte trasera de la fuente, con una altura de ochenta centímetros, y se va elevando formando un plano inclinado hasta terminar detrás de la alberca, con 1,50 metros de altura. Este muro sirve (o, mejor dicho, servía) para sustentar la vereda que llegaba a la fuente desde el camino principal, que bajando desde la loma llegaba hasta el río de Cútar, desembocando frente a la zona llamada El Botín. La vereda describía una curva por detrás de la fuente y terminaba justo delante del hueco de la puerta, donde una plataforma del terreno permitía cómodamente la espera de las personas, e incluso de algún animal de carga, mientras se llenaban los cántaros de barro con el agua de la fuente.

Además de realizar ese trabajo de sustentación de la vereda, el arranque del muro cobijaba un canal, una pequeña acequia hecha con lajas de piedra, que llevaba el agua del rebosadero de la fuente hasta la alberca. Como estaba embutida dentro del muro, la limpieza de esta acequia se realizaba por unos huecos presentes en él, de forma que el arranque del muro no es macizo, sino que tiene huecos que se alternan en el paramento con grandes piedras que hacen las veces de pilares que soportan unas lajas desde las que arranca el muro en sí, formando una especie de pequeña bóveda que cubre la acequia por donde discurre el agua hasta la alberca.

A la derecha de la fuente, hacia la cañada, se encuentra el manantial que la surtía, y surte, de agua. Una oquedad de pequeñas dimensiones, medio cerrada con un murete, desde donde sale una canalización hecha con teja cubierta con lajas de pizarra, conducía el agua del venero hasta la alcubilla. Este canal, que se limpiaba todos los años por los propios usuarios de la fuente cuando esta hacía su servicio público, hace años que no se limpia, a pesar de lo cual el agua todavía llega hasta la alcubilla, que siempre está a rebosar, sea la cual sea la estación del año en que se visite. En fuente Peñas la maleza se ha hecho la dueña absoluta de todo el entorno.

Una nota de atención

Llevo tiempo, mucho tiempo, intentando captar el interés de las autoridades hacia el estado en que se encuentran fuente Peñas y la fuente del Corbacho, obteniendo solamente la promesa de visitarlas para conocerlas, pero nada más. Pienso que este tipo de elementos constructivos (sean fuentes, eras, castillos o iglesias) son herencias de un pasado lejano y son un patrimonio público que debe ser salvaguardado de su desaparición, poniendo para ello todos los medios que un ente público como un ayuntamiento pueda proporcionar. Yo, por mi parte, lo único que intento es describir en este trabajo lo que conozco de esos sitios singulares para que se recuerden tal y como eran y, por otro lado, denunciar el estado de abandono en el que se encuentran. En este caso son dos fuentes concretas, pero seguro que habrá otras muchas construcciones repartidas por todo el municipio que están olvidadas y en serio peligro de desaparecer. Espero que este alegato sirva, por lo menos, para dejar constancia del hecho de que se están destruyendo muchos elementos de nuestro patrimonio sin que se haga nada para evitarlo.

Un ejemplo de esa indiferencia hacia lo nuestro lo tenemos en la era que se encontraba ubicada en los Paserillos, la única que existía en las cercanías de la localidad y de la que hoy en día no queda ni una sola piedra. ¿Alguien la recuerda y sabe por qué desapareció?

La era de los Paserillos

Al borde del desaparecido camino de los Enamorados, o de Comares, o de la Casarona, que de las tres maneras era conocido este camino antes de convertirse en carril, existió hasta no hace mucho tiempo una **era de trilla,** un lugar donde la gente del pueblo acudía a trillar los cereales, a separar de la paja el grano del trigo, la cebada o la avena que se cultivaba en el lugar, bien es cierto que en muy pequeñas cantidades, pues las condiciones de la tierra no son precisamente las idóneas para cultivar cereales. Pese a ello, siempre debieron de existir algunos campos de sembradura en los alrededores del pueblo, pues la sola presencia de una era es prueba más que suficiente para confirmarlo.

Como digo, la era de Cútar se encontraba justo al borde del cruce de dos caminos muy importantes, el mencionado anteriormente y otro, en parte perdido, que recibía el nombre de **camino de la Cruz del Cerrillo**[XXXVII]. Este camino, antes de que se construyera la carretera, allá sobre el año 1946, llegaba hasta el puerto de la Tinajuela, donde se unía con el camino que llegaba a El Borge, con otro que iba a Comares y con el que continuaba hasta Santón Pitar, pasaba por la venta Cárdenas, llegaba hasta la venta Galuei y allí enlazaba con la carretera de Málaga a Colmenar, la conocida como carretera de los montes, que es la más antigua de la provincia. En ese cruce de caminos, el de Comares y el de la Cruz del Cerrillo, en el pago de los Paserillos, es donde se ubicaba nuestra era.

Era de pequeñas dimensiones, acordes con las necesidades que la siega del lugar generaba, de forma circular, con unos quince o veinte metros de diámetro y totalmente empedrada con cantos rodados de río. Por la parte que daba al camino de Comares se elevaba un muro de piedra seca para salvar el talud que allí había por la diferencia de altura, y un murete de poco más de treinta o cuarenta centímetros cercaba por completo todo su perímetro. Así es, poco más o menos, como recuerdo aquella era que conocí en mi infancia.

Porque la construcción del carril que sustituyó al camino de Comares se llevó por delante una buena parte de la era allá por la década de los 70, y poco tiempo después el solar de la era se convirtió en vertedero de escombros, enterrando lo que quedaba de ella. El continuo movimiento de tierras y escombros que se ha llevado a cabo a lo largo de los años supongo que habrá destruido por completo el empedrado de la era que pudiera quedar allí debajo. Un triste final para un lugar en el que se llevó a cabo durante no se sabe cuánto tiempo una de las faenas más antiguas del campo: la trilla.

La trilla, la faena tradicional que se desarrollaba en las eras, tenía como objetivo separar las cubiertas de las semillas de los cereales para dejar limpio el grano. La trilla, por tanto, comenzaba con la siega de la **mies,** una labor que se ha hecho siempre con hoz, una herramienta de origen prehistórico que ha acompañado al hombre desde que se inventó la agricultura. Durante la siega el cereal se dividía en fajos, que eran llevados a la era, donde se extendían por toda la superficie, formando la **parva,** para a continuación comenzar con la trilla.

Una bestia o dos tiraban del **rastro,** un tablero de madera curvado por delante que tenía incrustadas en toda la parte de abajo, la que rodaba por la era, una serie de piedras de pedernal, llamadas **pedreñas,** dispuestas en hileras. El trabajo de la trilla consistía en hacer girar repetidamente, siempre hacia la derecha, a la bestia que tiraba del rastro, en el cual se subía el trillador. El roce de las pedreñas con la parva hacía que la paja se triturara y el grano se separara de las semillas. La paja se quedaba en la superficie y el grano, más pesado, se aposentaba en el fondo de la era.

Una vez triturada la paja, se procedía a recoger y a barrer la era, a **recoger el solero,** amontonándose todo en los bordes. Para recoger el solero no había nada mejor que unos buenos escobones de palma de la que se criaba en las lomas del pago del Paumé. Ya solo quedaba esperar a que se levantara un poco de aire para **aventar** la paja, arrojando hacia arriba el producto triturado para que el viento se llevara la paja y que el grano, más pesado, cayera aparte para ser recogido.

La trilla se llevaba a cabo en los **meses mayores,** en junio y julio, y normalmente a mediodía, cuando el sol más calentaba, para que el calor «tostara» la paja y fuera más fácil triturarla. El trillador, girando una y otra vez subido en el rastro y a pleno sol, quedaba a merced de la modorra y del sueño, y dicen que como único recurso para mantenerse despierto cantaba coplillas y así, de esa manera, fue como nació todo un palo del flamenco: los cantes de trilla.

Esta yegua que llevo
no quiere trilla.
Lo que quiere es comerse
toa la semilla.

Mi yegua tiene un potro
que es muy bonito,
y mi yegua está loca
con su potrito.

Dice el trillero, dice el trillero
ya está la parva hecha, venga el dinero.

Dentro del círculo rojo que se ve en la foto es posible apreciar la forma redondeada de la era, pues es en ese lugar donde estaba ubicada.
La foto pertenece al llamado Vuelo Americano de 1956[XXXVIII].

Notas y referencias bibliográficas empleadas en la segunda parte

[I] *Los manuscritos nazaríes de Cútar.* En págs. 44, 45 y 46 traducción del texto, en pág. 252 reproducción del original. Manuscrito depositado en el Archivo Histórico Provincial de Málaga, signatura L-14030, reverso del folio 11.

[II] María Isabel Calero Secall. «Comares en el Miyar al-Murib de al-Wansharisi», en *Homenaje al profesor José María Fórneas Besteiro,* Volumen 2, editado por la Universidad de Granada, 1995.

[III] Leopoldo Torres Balbás. «Rábitas hispano-musulmanas», pág. 160 de «Crónica arqueológica de la España musulmana». Revista *Al-Andalus,* n.º XIII, 1948.

[IV] Juan Antonio Chavarría Vargas. «Huellas sufíes en Al-Ándalus: la toponimia. Murâbit, rubayta/rubait(a) y zâwiya». *Estudios sobre patrimonio, cultura y ciencias medievales,* 19, 2017.

[V] Cabrera y Vílchez. «La rábita de Cútar», revista *El Oriental,* 1992; «Cútar y Arenas. Y las **rábitas se convirtieron en aljibes»,** *Málaga Digital,* 1997; «Las **rábitas de Cútar y Arenas en la Axarquía de Málaga»,** *Revista del Centro de Estudios Históricos de Granada y su Reino,* n.º 15, 2001. En este último trabajo colaboré modestamente con los autores, proporcionando datos nuevos que no aparecían en los dos anteriores.

[VI] María Isabel Calero Secall y Virgilio Martínez Enamorado. «Rábitas y zubias malagueñas», en *La rábita en el islam. Estudios interdisci-*

plinares. Congreso Internacional de Sant Carles de la Ràpita, 1989, 1997.

[VII] Carlos Gozalbes Cravioto. «La transformación de la alquería en municipio en la Axarquía malagueña (III): Cútar; Chilches; Daimalos; Iznate; Macharaviaya; Maro». Revista *Isla de Arriarán,* n.º 19, 2002.

[VIII] *Minutas cartográficas. Planimetría de Cútar.* Depositadas en el Archivo Histórico de la Provincia. Realizado en 1874, en este plano aparecen reflejados la fuente y un pilón al borde del camino de Cútar a Almáchar.

[IX] Carmen Trillo San José. «Mezquitas en Al-Ándalus: un espacio entre la comunidad y el poder». *Estudios de Historia Medieval,* n.º 29, Ediciones Universidad de Salamanca, 2011.

[X] *Ibidem.*

[XI] Mikel de Epalza. «Mutaciones urbanísticas debidas a la transformación de mezquitas en iglesias». Actas del VI Simposio internacional de Mudejarismo, Teruel, 16-18 de septiembre de 1993.

[XII] *Ibidem.*

[XIII] Andrés Bernáldez, cura de Los Palacios. *Historia de los reyes católicos Don Fernando y Doña Isabel,* edición de 1870, imprenta de D. José María Geofrin, Sevilla, pág. 228.

[XIV] Jesús Suberbiola Martínez. «La erección parroquial malacitana de 1505 y su reformación». Revista *Baetica, Estudios de Arte, Geografía e Historia,* n.º 8, Universidad de Málaga, 1985.

XV Jesús Suberbiola Martínez. «Política arquitectónica de los obispos de Málaga tras la conquista (1485-1540)». Revista *Baetica, Estudios de Arte, Geografía e Historia,* n.º 19, Universidad de Málaga, 1997.

XVI María Dolores Aguilar García. «El mudéjar en el reino de Granada: realizaciones de Almería y Málaga»; en I. Henares y R. López Guzmán. *Mudéjar iberoamericano, una expresión cultural de dos mundos.* Monográficas de Arte y Arqueología, Universidad de Granada 1993.

XVII *Libro de Fábrica de Comares.* Archivo Diocesano, sección II, legajo número 353.

XVIII Actas notariales de los contratos de obra depositados en el Archivo Histórico Provincial, «Escribanía de Diego Ordóñez», legajo 180, año de 1554.

XIX María Dolores Aguilar García. *Málaga mudéjar, arquitectura religiosa y civil,* Universidad de Málaga, 1979. La decoración de menado es una tablazón adosada a la estructura principal de las armaduras, formando figuras geométricas, muy usada en el mudéjar.

XX *La Correspondencia de España,* Madrid, 20/3/1895, n.º 13.557, página 3.

El Día, Madrid, 20/3/1895, n.º 1881, página 2.

El Imparcial, Madrid, 20/3/1895, n.º 1867, página 3.

La Unión Católica, Madrid, 20/3/1895, n.º 2306, página 2.

Disponibles para consulta en Biblioteca Virtual de Prensa Histórica. https://prensahistorica.mcu.es/es/consulta/busqueda.do

XXI Causa n.º 22, Juzgado n.º 12 de Málaga-1937. Archivo del Juzgado Togado Militar Territorial de Granada n.º 23, legajo 1287/10.

XXII Legado Temboury, Biblioteca Virtual de la Provincia de Málaga.

XXIII David García Cueto. «El examen de pintor de Blas de Ledesma en Málaga». *Archivo Español de Arte,* vol. XCII, n.º 365, enero-marzo 2019.

XXIV Andrés Llordén Simón. *Ensayo histórico-documental de los maestros plateros malagueños en los siglos XVI y XVII: datos inéditos del archivo de protocolos para la historia del arte de la platería en la ciudad de Málaga.* Delegación de Cultura, Ayto. de Málaga, 1947.

XXV Tomo 1936, Archivo Municipal de Cútar.

XXVI Cútar (casco urbano). Planos de población 1896. Instituto Geográfico Nacional (Madrid) Signatura del original: AD-IE-CA1989004981. Depositado en el Archivo Histórico Provincial de Málaga.

XXVII Juan Jesús Bravo Caro. *Felipe II y la repoblación del reino de Granada. La taha de Comares.* Servicio de Publicaciones, Universidad de Granada, 1995, pág. 50.

XXVIII *Repartimiento de Comares (1487-1496),* transcripción e índices de Francisco Bejarano-Robles y estudio preliminar de Joaquín Vallvé Bermejo. Universidad de Barcelona, publicaciones del Departamento de Árabe, 1974, pág. 16.

XXIX *Ibidem,* pág 17.

[XXX] Carlos Gozalbes Cravioto. «La transformación de la alquería en municipio en la Axarquía malagueña: características generales». Revista *Isla de Arriarán,* n.º 13-14, 2004, pág. 28.

[XXXI] Margarita María Birriel Salcedo. «Tecnología, conocimiento y propiedad. Los molinos de aceite en el reino de Granada». Revista *Chronica Nova,* 41, 2015, págs. 39-69.

[XXXII] Ricardo Córdoba de la Llave. ***«Aceñas, tahonas y almazaras».*** Revista *Hispania,* XLVIII/170, 1988, págs. 827-874.

[XXXIII] Julia María Carabaza Bravo. «El agua en los tratados agronómicos andalusíes». *Anaquel de Estudios Árabes,* V, 1994.

[XXXIV] Carlos Gozalbes Cravioto. «La transformación de la alquería en municipio en la Axarquía malagueña: características generales». Revista *Isla de Arriarán,* 23-24, 2004.

[XXXV] Juan Antonio Chavarría Vargas. *Contribución al estudio de la toponimia latinomozárabe de la Axarquía de Málaga.*

[XXXVI] Ayuntamiento de Cútar. Planimetría 1874. Signatura: IECA1989004121. Depositado en el Archivo Histórico Provincial de Málaga.

[XXXVII] *Ibidem.*

[XXXVIII] PNOA histórico, Vuelo Americano Serie B (1956-1957). La foto se puede ver, e incluso descargar, en este enlace: https://pnoa.ign.es/pnoa-historico.

CUADERNO 4º

LA MINA SERRANITA

Introducción

La existencia de un pasado minero en los pueblos de la Axarquía está más que demostrada: en todos los municipios colindantes con Cútar podemos encontrar minas abandonadas, pequeñas explotaciones mineras que con el paso del tiempo se han ido difuminando en la memoria de los lugareños, quedando sólo un débil recuerdo de la existencia de esas minas.

La mayoría de las veces solo la presencia física del trabajo del minero en forma de galerías nos descubre que allí hubo algo en el pasado, pero sin saber con certeza el qué. Estoy seguro de que ante la pregunta «¿qué sabes del pasado minero de tu pueblo?» pocas personas en los pueblos que nos rodean contestarían con conocimiento de causa, porque ¿cuántos alborgeños conocen las minas que se explotaron en El Borge hace cien años? ¿En Benamargosa saben de alguna mina existente en su término municipal? ¿Recuerda alguien que en Periana se trabajaron las minas de manganeso más importantes de la provincia?

Aquí, en Cútar, muy cerquita del pueblo, tenemos el ejemplo de ese «fenómeno del olvido». Muchísima gente sabe de la existencia de una mina muy antigua en el Arroyo de la Merina y son muchas las personas que han visitado, y siguen visitando, su interior; pero a pesar de este conocimiento digamos «popular», estoy seguro de que pocos en el pueblo saben cuál era el nombre de la mina, qué minerales se extraían de ella, quiénes fueron sus dueños y desde cuándo y hasta cuándo estuvo en explotación, y en esta ignorancia también incluyo a las autoridades.

Yo he recorrido las galerías de esa mina en muchas ocasiones y desde la primera vez (unos cuarenta años han pasado desde mi primera aventura minera, que acometí acompañado por camaradas de mi juventud, alguno de los cuales ya no está entre nosotros) siempre me sentí impresionado por el trabajo que se desarrolló allí dentro y siempre tuve curiosidad por conocer algo más de la mina. Esta curiosidad ha ido aumentando con los años y fruto de ella es este modesto trabajo.

La mina cambió varias veces de dueño o concesionario y tuvo varios nombres, pero ya que la denominación más usada a lo largo del tiempo es la de mina la Serranita, así será como la llamaré.

Grabado sacado de la obra titulada «La vie souterraine, ou les mines et les mineurs», del francés Louis Simonin, 1867

La Serranita: localización

Para aquel que quiera visitar la Serranita, hacerlo hoy en día no es nada difícil: lo que antes eran caminos de paso aptos solo para bestias de carga son en la actualidad carriles por donde circula sin ningún problema todo tipo de vehículos que, eso sí, deben salvar las duras pendientes típicas de la zona, puesto que compartimos con el resto de la Axarquía la orografía de la que antes hablamos: una sucesión de lomas de fuertes pendientes, arañadas por infinidad de cañadas y de arroyos producto de la erosión, que ha dibujado a lo largo de los siglos el hermoso paisaje montañoso de nuestra comarca.

La zona donde se localiza la mina es un fiel reflejo de este paisaje: baja de oeste a este desde las alturas de las lomas de Comares hasta las depresiones del río de la Cueva y del río de Cútar, en cuyo vértice, formado por el encuentro de los dos ríos, se encuentra la pedanía de Salto del Negro. La más destacada de estas lomas es el cerro de la Trochuela, que separa la zona llamada El Esnite, al oeste del cerro, con la llamada El Botín, al este. Desde este cerro hasta el río de Cútar baja el carril de la Palomera, construido siguiendo el trazado de la vía pecuaria denominada Colada de la Peña de Hierro, antiguamente principal vía de comunicación entre la localidad y el resto de su término municipal y que enlazaba con otras vías hasta llegar a Colmenar, que fue durante muchos años su cabeza de partido. Al oeste del carril de la Palomera se encuentra La Dehesa y un poco más al oeste, el Paraje de la Merina.

La Serranita se encuentra en el antiguamente conocido como cerro de las Minas, nombre ya olvidado en el pueblo, y la boca de entrada a la mina se ubica en la orilla sur del arroyo de la Merina. Este arroyo y una serie de cañadas asociadas a él bajan de oeste a este desde el cerro de Salinas, entre la Loma Larga y El Esnite, hasta unirse con el arroyo de la Dehesa, que pocos metros después desagua en el río de Cútar o arroyo del Paumé.

Toda esta zona, antiguamente dedicada en su mayor parte al cultivo tradicional de la vid o a zona de pastos para ganado, en la actualidad se está transformando en un vergel de huertas de frutos subtropicales. La misma parcela en donde se encuentra la mina ha pasado de ser un erial en el año 2008 a ser en la actualidad una de esas huertas.

Las coordenadas geográficas de la bocamina son: 36° 50' 32.83'' norte y 4° 13' 39.86'' oeste. Las coordenadas UTM son: 30 S 390533 4078099, elevándose a 247 metros de altitud sobre el nivel del mar.

La mina a lo largo del tiempo

El principal problema con que nos encontramos al buscar datos, información, noticias, cualquier tipo de documento que nos diga algo de una pequeña mina situada en una pequeña localidad es precisamente eso: ¿dónde buscas esos datos? Encontrar documentos o archivos de los propietarios de antiguas explotaciones mineras abandonadas es muy difícil, y esa dificultad para hallar información se incrementa cuanto más nos alejamos en el tiempo.

Las pequeñas minas no contaban con personal administrativo que se encargara de controlar la producción, trabajadores, gastos, etc. Normalmente era el capataz o encargado quien realizaba esas tareas a pie de mina, presentando cuentas al dueño de la explotación cada cierto tiempo. Estas cuentas solían ser destruidas o tiradas a la basura cuando la mina cambiaba de titular o era abandonada, no quedando constancia escrita de lo acontecido en la explotación[1]. En el caso de la Serranita, una pequeña explotación en medio de los Montes de la Axarquía, es imposible localizar los archivos de los propietarios o titulares de las concesiones; sin embargo, sí es posible encontrar referencias a ella en publicaciones de diverso tipo a lo largo de tres siglos, desde revistas histórico-geográficas a boletines oficiales de la Administración, siendo en muchas ocasiones la única de la larga lista de minas de la comarca que aparece en dichas publicaciones.

Analizando los datos que he logrado recopilar se puede hacer un balance más o menos aproximado de los últimos años de la historia de la mina Serranita. Lo que es imposible es poner una fecha concreta al inicio de la actividad de la misma. Es por eso que, aunque los primeros trabajos de explotación seguramente serán mucho más antiguos, vamos a suponer que esas labores comienzan un incierto año del siglo XVIII, pues de lo que sí podemos estar seguros es de que en el último cuarto de ese siglo ya era conocida la mina.

Uno de los primeros trabajos consultados para encontrar información sobre el pasado minero de Cútar es el Catastro del marqués de la Ensenada, por ser el mejor medio de conseguir información sobre las villas del reino de aquella época (siglo XVIII) y en el caso de pequeños pueblos como Cútar posiblemente el único. Al consultar el catastro que se realizó en Cútar en el mes de agosto de 1752, en respuesta a la pregunta número 17 de la encuesta, de la que ya se habló en el cuaderno anterior, solo consta la existencia en Cútar de dos molinos de aceite. No se menciona ninguna mina; sin embargo, cabe la posibilidad de que sí existiera y se intentara ocultar[II] para librarse de la dura presión fiscal a la que se sometía en aquella época a las minas.

En una publicación de 1832, realizada por orden del rey Fernando VII, se hace una relación de todas las minas registradas en el reino desde el año 1500 en adelante, y aquí tampoco aparece reflejada ninguna mina en Cútar, pero es el mismo autor, en el prólogo, el que nos advierte de la situación de la mayoría de las minas antiguas de España de la siguiente forma:

> *«… como casi ninguna de estas minas fue beneficiada por cuenta de la Real Hacienda (…) no constan en los libros del Gobierno ni los productos, ni los ensayes y operaciones de la explotación, porque el interés individual de los que labraron algunas de ellas estaba en oposición con la publicación de sus conocimientos y de los resultados…»[III].*

Aunque no hay ninguna prueba de que la mina se encontrase en esa situación de «ocultamiento», no se puede descartar esa opción teniendo en cuenta que solo 35 años más tarde de la elaboración del Catastro de Ensenada, en el año 1789, ya se tiene constancia escrita de la existencia de una mina en Cútar, lo que nos lleva a la conclusión lógica de que la mina ya estaba en explotación mucho antes de ese año.

La primera mención que he encontrado referente a la existencia de una mina en Cútar se produce en una publicación de finales del siglo XVIII, muy conocida en Málaga, que ha servido de libro de consulta para muchos estudiosos: las *Conversaciones Históricas Malagueñas*[41]. El primer tomo de las *Conversaciones,* editado en 1789, trata de las riquezas naturales malagueñas o, como se dice en el libro, de *«las muchas producciones de naturaleza que se hallan en ella y su Obispado de los tres reinos Mineral, Vegetable y Animal».* En la descripción del reino mineral se enumeran las minas conocidas en la provincia, clasificándolas según el mineral extraído de ellas; y así, en la página 82, después de dar un repaso a las minas de oro y plata, comienza con las de «acero» y nos encontramos con esto:

«MINAS DE ACERO, COBRE, HIERRO, hoja de lata, piedra imán, amianto, y plomo.

En el lugar de Cútar, en la vicaria de Vélez-Málaga, a media legua de aquel, afirman los naturales ser de acero una mina que tiene».

Como ya comenté anteriormente, esta noticia nos revela que antes de 1789 ya se conocía la existencia de una mina en Cútar y, puesto que la única mina de su término municipal es la Serranita, tenemos que creer que se trata de la misma. Además, la distancia a la que coloca la mina con respecto a Cútar, media legua[42], coincide aproximadamente con la que existe entre los dos sitios.

Cómo fue la entrada de nuestra mina en el siglo XIX es imposible saberlo. En un país marcado por acontecimientos históricos

---

[41]   El autor de este trabajo, el canónigo de la catedral de Málaga don Cristóbal de Medina Conde, nació en Granada en 1726 y murió en Málaga en 1798. Valiéndose de una hipotética conversación entre un extranjero y un malagueño, Medina Conde hace una descripción de la «historia civil, natural, eclesiástica, antigua y moderna» de la provincia, repartida en cuatro tomos que editó entre 1789 y 1793 utilizando el nombre de su sobrino D. Cecilio García de la Leña al tener prohibido por la Santa Inquisición publicar ningún tipo de libro con su nombre.

[42]   La legua es una medida antigua de longitud que equivale a la distancia que una persona, a pie o en cabalgadura, puede recorrer durante una hora. La legua castellana quedó fijada a partir del siglo XVI en 20.000 pies, es decir, 5,572 kilómetros. Media legua serían, aproximadamente, unos 2,8 kilómetros.

tan importantes como la guerra de la Independencia y la vuelta al absolutismo con el rey Fernando VII nadie se preocupa de dejar noticias de esta pequeña explotación minera; de hecho, el abandono de la actividad minera era un mal tan generalizado en España que la necesidad de poner remedio a este problema y así aprovechar al máximo la riqueza minera del país lleva al Gobierno de la época a realizar una serie de reformas legislativas que cambiarán por completo el panorama minero español.

Las minas de España habían sido propiedad de la Corona, que ejercía sobre ellas un control absoluto, hasta 1825, año en el que, como medida para potenciar e incentivar la minería, se aprueba la Ley de Minas del ministro López Ballesteros. Esta ley y las reformas posteriores de 1849 y 1859 y la Ley de Bases de 1868 consiguen el objetivo perseguido al aplicar el nuevo sistema de concesiones mineras a particulares, reguladas en las citadas leyes: en el último tercio del siglo XIX y el primer tercio del siglo XX se produce una gran actividad minera en todo el país. La nueva política provoca que se reactiven minas abandonadas, que se exploten muchas minas nuevas y que se realice gran cantidad de prospecciones en busca de nuevos criaderos de mineral. La Axarquía no se mantuvo al margen de este fenómeno y, de hecho, la mayoría de las minas que se reparten por la comarca comenzaron a funcionar en esa época concreta.

La Serranita también se beneficia de esta nueva situación. A partir de 1850 y hasta bien entrado el siglo XX se produce la mayor actividad conocida de la mina. En esos años es cuando se encuentran más datos y referencias documentales y también cuando se produce el episodio más interesante de la historia de la mina: la presencia de muestras de sus minerales, representando a la minería malagueña, en las exposiciones universales de Londres (1862) y París (1867). Este dato, que se ha ignorado hasta la fecha, es de gran importancia para la historia de la localidad, puesto que de forma directa llevó a Cútar a participar en las manifestaciones culturales y comerciales de mayor importancia a nivel mundial que se desarrollaron en aquella época, por lo que creo que merece un capítulo especial dentro de este trabajo.

Datos y noticias sobre la mina empiezan a aparecer con bastante asiduidad en las publicaciones oficiales creadas por el Ministerio de Fomento para controlar y divulgar la actividad minera. La más importante de estas publicaciones es la *Estadística Minera,* en la que aparecerán numerosos informes sobre la mina durante varios años. Asimismo, en los Registros Provinciales de Minas se recogen los expedientes de demarcación de las concesiones otorgadas para la explotación de la mina desde 1889 hasta 1952. Estos expedientes se pueden consultar en el Archivo Histórico Provincial de Málaga, donde se encuentran depositados.

Durante estos años nos vamos encontrando con los diferentes nombres por los que ha sido conocida la mina: en 1852 se denomina la Esperanza; en 1890, Santa Ana; en 1891, San Joaquín; en 1905, San Manuel; y, por fin, a partir de 1907 comienza a llamarse la Serranita.

El mineral principal que formaba el criadero era galena argentífera, y es el que se extrajo siempre, tanto para la obtención de plomo como de plata; sin embargo, en la concesión de 1891 se registró también en la misma zona una mina de hierro, ampliando la superficie demarcada de las doce hectáreas anteriores a 36 hectáreas. Este intento de buscar otro mineral no daría resultado, puesto que en la siguiente concesión se volvió de nuevo a extraer plomo.

La explotación de la Serranita se mantiene constante hasta 1910-1911, cuando sufre un parón, posiblemente por el agotamiento del criadero o por la dificultad que representaba desaguar las galerías. En 1917 se aprueba un nuevo expediente de concesión sobre la mina, siendo el titular del mismo un ciudadano norteamericano llamado Jr. Haynan, que visitó en numerosas ocasiones la localidad para comprobar *in situ* el estado de la mina, pero no se llegaron a realizar trabajos de extracción, por lo que consta en la *Estadística Minera* como mina inactiva.

Por último, en el año 1952 se concede el último permiso de explotación, pero tampoco en esta ocasión se llegan a realizar trabajos dentro de la mina, ni siquiera de investigación. Desde ese momento se puede considerar la mina como cerrada para la extracción de mineral. En años posteriores es cuando se construyó el murete a pocos metros de la entrada para servir de dique y así aprovechar el agua que mana en el interior de la mina para el riego de un pequeño huerto, y de esa forma es como ha permanecido hasta la actualidad.

Datos documentales de la mina en publicaciones oficiales, estadísticas y geográficas

En este apartado voy a incluir los datos más relevantes que se pueden encontrar sobre la mina Serranita en las publicaciones que mencioné anteriormente, clasificándolos por el año en que aparecieron.

El Boletín Oficial del Ministerio de Fomento, la *Estadística Minera* y la *Revista Minera* son las publicaciones periódicas en las que los ingenieros de los distritos provinciales tenían la obligación de rendir cuentas a la Dirección General de Minas de los trabajos que se realizaban en las explotaciones mineras de sus jurisdicciones. A partir del año 1861 la Dirección General de Agricultura, Industria y Comercio inicia la publicación anual de la *Estadística Minera de España*. De forma muy resumida en los primeros años, fue aumentando en contenido hasta convertirse en un completísimo anuario en el que se daba a conocer la información estadística oficial sobre la minería española.

Separada en tres secciones, en las dos primeras se incluían todos los datos estadísticos en forma de tablas y agrupados por distritos mineros, que generalmente abarcaban los territorios de cada provincia. En estas tablas aparecían las producciones, valores de los minerales, empleos, accidentes, etc., tanto los relativos al laboreo de las minas como al de los establecimientos de beneficio (fundiciones, altos hornos…). En la tercera sección se incluían las memorias provinciales, en las que se hacía un resumen de lo más destacado concerniente a la minería de cada distrito en el año en curso.

De la redacción de los resúmenes de cada provincia se encargaba el ingeniero que en ese momento estaba a cargo de la Jefatura de Minas. En el caso del distrito de Málaga, desde el inicio de la *Estadística Minera* los informes de los distintos ingenieros fueron mayoritariamente económicos, incorporando tablas de producción, concesiones, accidentes, etc., del laboreo y del beneficio de las minas, pero redactados de una forma muy genérica, sin especificar nombres de minas. No es hasta 1907, estando a cargo de la jefatura del distrito de Málaga el ingeniero don Alberto Herrera, cuando encontramos una relación pormenorizada de todas las minas en explotación ese año en la provincia.

Muy interesantes son los expedientes de demarcación que los ingenieros llevaban a cabo cuando la mina cambiaba de dueño. Estos expedientes se tramitaban en el Distrito Minero de Málaga y en la actualidad se pueden consultar en el Archivo Histórico Provincial[IV]. En ellos se realizaba un mapa topográfico en el que aparecían representadas las pertenencias, medidas en hectáreas, concedidas para la explotación. En el expediente se describían los puntos de referencia del mapa y la superficie, y se incluían el nombre del titular de la concesión y las personas que actuaban como testigos ante el ingeniero para garantizar la legalidad del expediente. En el caso de la Serranita están disponibles los expedientes desde el año 1890 hasta 1952.

Las anteriores son las fuentes principales para obtener datos de la mina Serranita, pero también se encuentran menciones de la existencia de una mina en Cútar en varios diccionarios geográficos, que tan de moda estuvieron en aquella época. Es interesante su contenido porque en ellos se describe, de forma general, lo que se conocía en aquellos tiempos sobre la localidad de Cútar.

Diccionarios geográficos

A partir de la publicación de las *Conversaciones Históricas Malagueñas* encontramos varias citas sobre una mina en Cútar en varios diccionarios geográficos, pero si se comparan con el contenido de las *Conversaciones* nos damos cuenta de que se limitan a copiar lo ya editado. Estos son dichos diccionarios ordenados cronológicamente. Las citas en cursiva son transcripciones exactas de lo publicado:

- *Diccionario Geográfico Universal*, por Antonio Vegas, editado en 1795. En el tomo IV, en la página 164, leemos lo siguiente:

«En el lugar de Cutar, cerca de Velez Málaga, hay una mina de acero».

- *Diccionario Geográfico y Estadístico de España y Portugal dedicado al Rey Nuestro Señor, por Sebastián de Miñano, individuo de la Real Academia de la Historia y de la Sociedad Geográfica de París.* Editado en 1826, en el tomo III, en la página 271, encontramos lo siguiente:

«CUTAR, V. R. de España, provincia de Granada, partido y obispado de Málaga. A. P. 193 vecinos, 634 habitantes, 1 parr., 1 pósito. El nombre de la villa es de origen arábigo. Situado al N. E. de la cabeza de partido y a 1 legua N. N. E. de Borge. Produce pasa en abundancia, es mediana la cosecha de aceite, corta la de granos. Sus habitantes crían algún ganado. En su término hay una mina de acero. Dista 2 leguas de Colmenar y otras 2 de Benaque. Contr. 4.101 rs. 28 cmos.».

- En la misma publicación, en el tomo V, página 367:

«En el lugar de Cutar de la vic. De Velez Malaga, a ½ legua de aquel, afirman los naturales ser de acero una mina que tienen».

- *Diccionario Geográfico Universal dedicado a la Reina Nuestra Señora, escrito por una Sociedad de Literatos.* Editado en 1832, en la página 770 dice:

«En el lugar de Cutar, de la vicaria de Velez-Málaga, a ½ legua de aquel, afirman los naturales ser de acero una mina que tienen».

1852, mina Esperanza

En el Boletín Oficial del Ministerio de Fomento, tomo V, página 523 a 529, el ingeniero jefe de la provincia, don Antonio Álvarez de Linera, presenta un resumen general del año 1852 de «... *todos los reconocimientos, visitas de minas y trabajos facultativos que he verificado en dicho periodo...*». Allí se describen las «andanzas» del ingeniero por la provincia durante ese año de esta forma:

«... *el ingeniero que suscribe a efectuado en el año pasado de 1852, 127 reconocimientos de registro de minas, 30 demarcaciones con 47 pertenencias, 18 visitas a minas ya demarcadas, 13 deslindes y levantamiento de planos por introducción de labores, y dos topográficos que hacen 190 operaciones; que con 298 expedientes informativos de abandono antes del reconocimiento preliminar, suman 488 expedientes despachados. Para ello ha tenido que recorrer 495 leguas a caballo y muchas a pié por la escabrosidad del terreno...*».

Según nos cuenta, en los primeros días de junio...

«...*reconocí la mina de plomo La Esperanza, en término de Cutar (á consecuencia de un litigio por denuncio)*».

A continuación, en el mismo resumen y según la localización geográfica, hace una división en tres grupos de las minas de la provincia, y en el «Tercer Grupo-Sierra de Nerja y Cómpeta» nos dice:

«... *y la antigua mina Esperanza en término de Cutar establece un largo socavon para desaguar sus labores y reconocer en profundidad los ricos minerales plomizos que aparecen con escasez entre las pizarras trastornadas*».

Leyendo esta transcripción nos podemos reafirmar en la idea de la gran antigüedad de la mina, puesto que ya en el año 1852 Álvarez de

Linera calificaba como «*antigua mina Esperanza*» la que posteriormente se llamará Serranita; también nos habla del problema que tenían en la mina con el agua, pues ya en ese año se estaba trabajando en la galería principal de la mina con la intención de desaguar las galerías internas que se inundaban, tal y como ha venido sucediendo hasta hace poco, haciendo imposible el trabajo dentro de ellas.

1890, mina Santa Ana

El 6 de junio de 1890 se realiza el plano de demarcación de la mina de plomo titulada Santa Ana[V], con número de expediente 2.196, situada «*en el paraje nombrado Arroyo de la Merina, término de Cútar*». El ingeniero jefe del distrito era don Francisco Madrid Dávila y el ingeniero encargado del levantamiento de planos, don Rafael del Valle. La superficie demarcada fue de doce hectáreas.

El lugar desde donde se inician los trabajos topográficos, denominado punto de partida en el expediente, es un mojón situado a 4,30 metros del «*centro de la pared levante de un pozo de unos 30 m. de profundidad*». Desde este punto se establecerán una serie de visuales de referencia a puntos fijos que servirán al ingeniero para situar geográficamente el lugar demarcado, ayudado con una brújula. Las visuales de referencia son:

> «*La torre de la Iglesia de Cútar…, castillete mas al norte de la fortaleza de Velez…, la torre de la Atalalla*».

Entre las observaciones que el ingeniero aporta al expediente figura la siguiente:

> «*El mineral que se propone explotar el registrador pertenece a la 3ª sección; por lo tanto según la Ley vigente de presupuestos debe pagar un canon de diez pesetas por pertenencia*».

El canon de superficie por pertenencia o hectárea es lo que debían pagar anualmente los titulares de cada explotación a la Hacienda pública para poder seguir con la titularidad de la misma. La caducidad de la concesión se producía cuando no se abonaba el susodicho canon[VI].

En ese año la mina produjo 330 quintales métricos de mineral (33 toneladas), que se pagaron a bocamina a diez pesetas el quintal, produciendo, por tanto, 3.300 pesetas de beneficio. Para la extracción del mineral se hallaban empleados doce mineros, seis en el interior y otros seis en el exterior, de los cuales dos eran *«muchachos»* de entre dieciséis y dieciocho años. No consta que se produjera ningún accidente. El dueño de la concesión era un vecino de Málaga llamado don José Jiménez Arrebola[VII].

En la provincia se hallaban activas seis minas de plomo en ese año, que produjeron 161 toneladas métricas de mineral, con un valor de 13.510 pesetas[VIII]. Haciendo balance, vemos que la producción de la mina cutareña representó el 21 % del total de la provincia, que no está nada mal. A partir de ese año y hasta el 24 de marzo de 1905, cuando caduca la concesión, aparecen en la *Estadística Minera,* durante los años 1893, 1898, 1901, 1902 y 1904, datos estadísticos sobre una mina de plomo de doce hectáreas de superficie que aparece como única mina productiva en Málaga, que muy bien podría ser Santa Ana; sin embargo, no podemos afirmarlo, puesto que por esas fechas existía en la zona del Puerto de la Torre otra mina con la misma superficie, llamada Virgen del Pilar de Zaragoza, por lo que los datos estadísticos podrían ser de cualquiera de las dos minas.

No obstante, podemos estar seguros de que en 1893 la mina seguía activa, porque ese año la *Revista de Geografía Comercial,* editada en Madrid, publica un catastro de las minas registradas en las provincias españolas en ese año, y en la de Málaga aparecen como concesiones activas de mineral de plomo las siguientes:

«Málaga.- Dos concesiones en Alhaurín de la Torre, 1 en Marbella, 1 en Málaga y 1 en Cútar; total 5 concesiones»[IX].

1891, mina San Joaquín

El 26 de enero de 1891, el gobernador de la provincia ordena que se lleve a cabo la demarcación de una mina de hierro en el paraje del Arroyo de la Merina, la cual se realiza el 21 de mayo del mismo año. Dicha demarcación rodeaba por completo a la de la mina Santa Ana y tenía una superficie de 36 hectáreas, dándose la circunstancia de que estuvieron activas las dos concesiones al mismo tiempo hasta 1905, año en que caducan. Entre las dos concesiones sumaban 480.000 m^2 de explotación minera.

El nombre de la mina era San Joaquín[X] y el número de expediente el 2.305. No he podido averiguar el titular de la concesión, aunque seguramente sería el mismo de la mina Santa Ana, don José Jiménez Arrebola, que en el mismo año explotaba otras dos minas de hierro en Marbella, una llamada La Unión y otra llamada Donde las Dan las Toman. Curioso nombre, por cierto.

De esta concesión no existen datos estadísticos y el único rastro físico que se puede encontrar de su existencia es un pequeño socavón que se halla dentro de la superficie de la concesión, en una ladera frente a la entrada de la mina Santa Ana (o la Serranita), que muy bien podrían ser trabajos de investigación. El socavón tiene unas dimensiones de unos cinco metros de profundidad por dos de alto y dos de ancho aproximadamente.

1905, mina San Manuel

Tras caducar las concesiones de las minas Santa Ana y San Joaquín, el 23 y 24 de junio de 1905 se realiza un nuevo alzamiento de planos para la demarcación de la mina de plomo llamada San Manuel[XI], con número de expediente 3.721, con una superficie de doce hectáreas. Al variar un poco la orientación, ocupará parte de las dos demarcaciones anteriores, aunque el punto de referencia o de partida sea el mismo que para la mina Santa Ana:

> «… *un mojón de mampostería de cal y canto a 4 m. 30 cts. en dirección E. 4° 5' N. del centro del costado este de un pozo de 30 m. de profundidad situado en el Cerro de las Minas».*

Así es como nos lo describe el ingeniero don Luis Souvirón, encargado de realizar la demarcación. Este pozo servirá de punto de partida para todas las demarcaciones allí realizadas por ser un punto con excelente visibilidad a las **visuales de referencia** de puntos fijos necesarias para realizar la triangulación del plano de situación. Así, en esta ocasión se utilizaran como tales:

> «*El centro de la torre de la Atalaya…*
> *La esquina mas al N. de la casilla de Antonio Santiago (apodado)* "*Nene*"…
> *La torre de la Iglesia de Cútar».*

Para realizar la demarcación, desde el punto de partida se colocaron cinco estacas que formaron un rectángulo de 400 × 300 metros, que contenía las doce hectáreas o pertenencias de que constaba la concesión. La situación de las estacas era la siguiente:

> «*La 1ª tierras de pastos del Cerro de Salinas;*
> *la 2ª Viñedos de Antº. Rojo;*
> *3ª Viñedos de Cristino;*
> *4ª tierras de pastos de Rafael Muñoz y*
> *5ª en tierras de Juan Paleto».*

A los trabajos de demarcación asisten como testigos don Francisco Sesmero y Gil y don Ricardo López Loa, ambos vecinos de Málaga. No asiste el titular de la concesión, don Manuel de Lara y Alcalá, ni nadie en su representación. La demarcación se realiza sin oposición y en las observaciones del ingeniero consta que:

«El mineral que el interesado declara se propone obtener es el de plomo que se encuentra al descubierto en algunos trabajos antiguos. El terreno geodésico está constituido por pizarras y calizas silurianas».

El 27 de junio de 1905 el jefe del distrito, don Alberto Herrera, firma el visto bueno de la demarcación, que queda vigente hasta el 20 de noviembre de 1906, fecha en que caduca la concesión por impago de las tasas.

1907, mina la Serranita

El 6 de julio de 1907 sale del Gobierno Civil la orden de realizar una demarcación de minas en Cútar y es de nuevo el ingeniero D. Luis Souvirón quien visita el Arroyo de la Merina para realizarla. En esta ocasión el nombre de la mina por fin es el de la Serranita[XII] y ocupa exactamente el mismo terreno que ocupaba la anterior, San Manuel, con todos los puntos de referencia idénticos y misma superficie. La concesión estuvo vigente desde el 30 de noviembre de ese año hasta el 26 de agosto de 1911, fecha en la que caducó.

La demarcación se realiza sin oposición los días 4 y 5 de noviembre, y a ella asisten como testigos los señores Adolfo Millet Toscano, vecino de Vélez-Málaga, y Antonio Santiago Navarro, de Cútar; también está presente el nuevo titular de la concesión, don José Guerrero Benítez, de Málaga, el cual declara que *«se propone explotar plomo, que se presenta en un filón de galena entre las pizarras del cambriano».*

La Serranita es en ese año de 1907 cuando aparece por primera vez en la *Estadística Minera*. El informe que de ella hace el ingeniero jefe, don Alberto Herrera, es completísimo, pues describe el estado de la mina, el mineral que se extrae, una descripción geológica del terreno y hasta cómo se transporta el mineral desde la mina al lugar del embarque:

> *«Mina Serranita, núm. 3975 del término de Cútar.- Existen en esta mina trabajos antiguos, consistentes en un socavón de 80 metros, siguiendo sensiblemente el filón hasta una trancada de agua. Entre el socavón y la superficie está todo explotado. La mena es galena argentífera, bastante pura. El criadero consiste en un filón-capa, armando en el siluriano. Se halla en trabajos de investigación, que se han suspendido temporalmente. Nada en concreto puede decirse todavía acerca de este criadero. Los transportes se hacen en carro durante 16 kilómetros hasta Torre del Mar, estación de ferrocarril recientemente inaugurado, de vía de un metro, que conduce al puerto de Málaga. Todavía no hay tarifas para esos minerales»*[XIII].

En el año siguiente, 1908, también aparece una reseña del estado de la mina en la *Estadística Minera*. En ella nos explica el ingeniero un problema que presentaba el mineral extraído y que posiblemente fuese uno de los motivos por los que la mina dejó de funcionar: la complejidad de la mena, muy rica en galena, pero también en otros metales, que hacía muy difícil su compilación para lograr el plomo. Esta complejidad hizo, según nos cuentan en el informe, que, aunque el mineral se llevó a Inglaterra, no encontró ningún comprador. Esta es la reseña:

> *«Mina <Serranita>, de Cutar.- Dio alguna producción el primer trimestre, parando al poco tiempo y lavándose en San Ramón, de Comares, algún mineral del extraído anteriormente, que se mandó a Inglaterra, donde no se ha conseguido vender a ningún precio por ser de composición compleja, conteniendo cobre, plomo y cinc, con algo de plata»*[XVI].

De nuevo en la *Estadística Minera* de 1910 aparece la mina Serranita como única mina de plomo activa de la provincia; aunque no se trabaja dentro de la mina, se consigue una producción de seis toneladas de mineral, que se pagaron a 55 pesetas, generando un beneficio de 330 pesetas a bocamina. El mineral tenía una concentración, ley media, del 35 % y trabajaron en su extracción tres personas, todas mayores de dieciocho años[XV].

La reseña que el ingeniero jefe del distrito de Málaga, don Alberto Herrera, hace ese año sobre el estado de la mina es la siguiente:

«Minas de plomo.- La Serranita, núm. 3.975, del término de Cútar.
No se ha trabajado la mina; la producción de seis toneladas procede del
lavado de vaciaderos anteriores»[XVI].

Esta es la última vez que aparece una reseña sobre la mina en la *Estadística Minera*. A partir de este año las únicas noticias que he podido encontrar sobre la mina han sido las de los expedientes de demarcación que están depositados, como ya dije anteriormente, en el Archivo Histórico Provincial de Málaga. El permiso de explotación para esta concesión caduca en agosto de 1911.

1917, mina la Serranita

A partir de 1911 la Serranita sufre un abandono de varios años, hasta que el 22 de febrero de 1917 se realiza una nueva orden de demarcación. Esta se lleva a cabo el 7 de abril por el ingeniero Manuel A. Mendicuti, siendo Luis Souvirón el ingeniero jefe del distrito, que aprueba el expediente, con el número 4.829[XVII], el día 30 del mismo mes.

La superficie demarcada ocupa exactamente el mismo terreno que la anterior concesión y con el mismo punto de partida, pero los puntos fijos de referencia son distintos. En esta ocasión son:

«El eje de la torre de la Iglesia de Cútar...
La esquina NO. casa de José Recio...
Ángulo más al O. del casarón del tío Rosquero».

Las estacas que delimitan la concesión también se colocan en los mismos sitios que en la vez anterior, pero parece que se habían producido algunos cambios en la propiedad de las parcelas en las que estaban ubicadas:

> *«La 1ª en viña de Antonio Santiago Recio,*
> *la 2ª en almendral de los herederos del Nene;*
> *la 3ª en erial de Francisco Muñoz;*
> *la 4ª en viña de herederos de Antonio Santiago,*
> *la 5ª en tierras de Juan Paleto».*

Las personas presentes en la demarcación, y que aprueban esta sin ninguna oposición, son don Pedro Kraus, vecino de Málaga, y don Antonio Santiago Navarro, de Cútar, que actúan como testigos. El solicitante de la concesión, que no se encuentra presente, es un norteamericano llamado Jr. Hainan, natural de Nueva York, que tampoco envía a nadie en su representación.

Como siempre, el ingeniero informa del mineral que se propone extraer de la mina de esta forma:

> *«El mineral que el interesado declara se propone explotar es el de plomo que se encuentra en forma de piritas de galena en un filón de cuarzo que corre de N. a S. aproximadamente armando en pizarras Cambrianas.*
>
> *El terreno demarcado está constituido por esas pizarras calizas triásicas».*

No he encontrado ningún dato estadístico que pruebe que se desarrollaron trabajos en la mina durante todo el tiempo que la concesión estuvo vigente, que fue hasta el 3 de abril de 1929, fecha en la que caduca. Sin embargo, esto nos indica que el concesionario, Mr. Hainan, continuó pagando el canon correspondiente por la mina durante doce años seguidos, lo que demuestra un gran interés del norteamericano por la concesión, que no se explica si no obtenía a cambio algún beneficio.

La comparación del estado de las parcelas en las que estaban situadas las estacas en las demarcaciones de 1905 y 1917 es muy interesante, pues nos ofrece una imagen de la evolución de dichas parcelas a lo largo de los doce años que separan las dos demarcaciones. Las estacas estaban situadas en el mismo punto geográfico, no se movieron de sitio en las dos demarcaciones; sin embargo, las parcelas que las contenían sí sufrieron cambios significativos.

Así, por ejemplo, la estaca primera estaba situada en 1905 en el denominado *«tierras de pastos del cerro de Salinas»*. Esas tierras se plantaron de viña, puesto que en 1917 pasaron a ser una *«viña de Antonio Santiago Recio»*.

La estaca número 2 se situaba en 1905 en *«viñedos de Antonio Rojo»*. Esta parcela cambió de dueño y de cultivo, puesto que en 1917 pasó a ser *«almendral de los herederos del Nene»*.

La estaca 3 estaba colocada en 1905 en *«viñedos de Cristino»*. En 1917 la viña se convirtió en erial, además de cambiar de dueño: *«en erial de Francisco Muñoz»*.

La número 4 se situaba en 1905 en *«tierras de pastos de Rafael Muñoz»*, pasando a ser en 1917 una viña propiedad de *«herederos de Antonio Santiago»*.

La única parcela que se mantuvo en las mismas condiciones fue la que contenía la estaca número 5, que estaba colocada en *«tierras de Juan Paleto»* en las dos ocasiones.

Esos cambios en las parcelas, sobre todo las que pasan de eriales a viñedos, son en cierto modo lógicos; debemos recordar que la plaga de filoxera que azotó la provincia de Málaga a finales del XIX destruyó por completo las plantaciones de viña en Moclinejo, Almáchar, El Borge y Cútar, que fueron las poblaciones más afectadas. Entra dentro de lo posible que esos viñedos del paraje de la Merina comenzaran a replantarse iniciado el siglo XX, estando ya consolidados en 1917, por lo que algunas tierras de pasto o eriales pasaron a ser viñas nuevas, de las que aún quedan algunos pequeños focos en la zona.

1952, mina la Serranita

Y llegamos a la última concesión de explotación minera registrada en el Arroyo de la Merina. Con el nombre de la Serranita[XVIII] de nuevo se vuelven a demarcar las doce hectáreas o pertenencias que constituyen la concesión. Ocupa la misma situación con respecto a las dos demarcaciones anteriores y prácticamente los mismos puntos de referencia a puntos fijos:

> *«… ángulo más Norte de la casilla del Nene, línea de referencia…*
> *Eje de la torre de la iglesia de Cútar…*
> *Eje de la torre de la Atalalla».*

Las estacas que delimitan el perímetro están colocadas en los mismos puntos que las anteriores.

A pesar de ser la concesión más «moderna», poco más se puede decir de ella, puesto que en el expediente faltan muchos datos: no constan testigos de la demarcación ni el nombre de la persona que la solicita, ni tampoco la fecha en la que caduca. Solo se puede añadir que la orden de demarcación fue dada el 12 de diciembre de 1951 y se realizó el 15 de marzo de 1952.

Cútar y las exposiciones universales

Son muchas las exposiciones o ferias a distintos niveles (locales, regionales, nacionales…) que se han realizado y se realizan en el mundo, pero sin duda las más importantes son las llamadas exposiciones universales. En un principio estas ferias de muestras estaban pensadas para satisfacer la necesidad de las grandes naciones organizadoras de «enseñar» al resto del mundo su poderío industrial y cultural, dedicando para ello fuertes inversiones en infraestructuras, que la mayoría de las veces no se recuperaban a pesar de los millones de visitantes de todo el mundo que asistían, por curiosidad o por negocios, a las exposiciones.

La idea de realizar exposiciones temáticas multitudinarias surgió en Francia. Allá por el año 1757 un noble francés, el marqués de Arese, intentó organizar con fines caritativos una exhibición de la industria francesa. El proyecto, que no se pudo realizar hasta 1798 a consecuencia del estallido de la Revolución francesa, se llevó a cabo en un edificio llamado Templo de la Industria, construido para tal efecto en el Campo de Marte, en París. En 1801 se realizó la segunda exposición, también en París, en la que se reunieron doscientos expositores que compitieron por primera vez por los premios que ofrecía la organización. A la de 1802 concurrieron más de cuatrocientos, la de 1806 contó con 1.500 y tuvo una duración de un mes. Exhibiciones sucesivas de alcance nacional se realizaron también en Francia en 1819, 1823, 1827, 1834, 1839, 1844 y 1847.

En el año 1851 tuvo lugar en Londres la llamada Great Exhibition of the Works of Industry of all Nations (Gran Exposición de los Trabajos de la Industria de Todas las Naciones), la primera de una serie de exposiciones organizadas a nivel mundial en las que se empezaron a exhibir todos los adelantos tecnológicos y artísticos y los productos industriales y los de la agricultura y la minería más destacados de cada uno de los países que participaban en ellas. La lista de las exposiciones internacionales de diferente temática realizadas después de la de 1851 es larguísima, pero las que abarcaban todas las ramas del conocimiento de cada época son las llamadas exposiciones universales, que se fueron organizando a lo largo de los años en diferentes países de todos los continentes.

La Serranita en las exposiciones universales

Es en la gran exposición universal de Londres de 1862 cuando los minerales de Cútar se exponen por primera vez. Esta exposición se inauguró el 1 de mayo de 1862 y se prolongó hasta el 1 de noviembre del mismo año. Se llevó a cabo junto a los jardines de la Real Sociedad de Horticultura, en South Kensington, en terrenos ocupados en la actualidad por el Museo de Historia Natural. Contó con más de 28.000 expositores de 36 países y recibió 6,1 millones de visitantes de todo el mundo, que aportaron 459.632 libras, siendo una de las pocas Exposiciones que generaron beneficios sobre el coste de la organización (458.842 libras), dejando una ganancia total de 790 libras. El tema principal de la exposición fue «Industria y Arte».

En la introducción del catálogo oficial que presentaba la delegación española se describe de forma clara la esencia misma de las exposiciones:

> *«La Exposicion Universal de 1862 es el resultado del trabajo, la ciencia y la civilización de muchos siglos; la síntesis de los esfuerzos de generaciones sin cuento; la fórmula, en fin, del progreso material, moral é intelectual de nuestra época, todos los países de la tierra se han despojado de sus riquezas artísticas, mineralógicas, agrícolas é industriales, para acumularlas en un solo punto, arreglarlas en el órden mas bello é imponente, é instruir y deleitar con ellas a la humanidad…»*[XIX].

A la sección de Minas, Canteras, Metalurgia y Productos Minerales España acude con un total de doscientos expositores entre compañías privadas, estatales y representantes provinciales y de las posesiones españolas de Cuba y Filipinas. El expositor número 79 del catálogo español (75 del catálogo oficial de la organización) corresponde a la representación de Málaga, encabezada en aquella ocasión por don Antonio Guerola, gobernador civil de la provincia, que acudía con muestras de minerales de diversas localidades. La descripción que se hace en el catálogo oficial de la delegación malagueña, con la relación de las muestras de minerales, es la siguiente:

79 (75)- «Gobernador de la Provincia de Málaga- Minerales de término de Ojen; sulfo-arseniuro de nickel del término de Carratraca; óxido férrico; hierro magnético de Marbella; galena de la mina Vírgen del Pilar, término de Cútar y de Sierra-Narja; barrita de plomo de la fábrica de Don Guillermo Strachan; carbonato de plomo del llano de Plata; carbonato de cobre y serpentina de Coin»[XX].

La lectura de la cita anterior puede llevar a error, pues parece que dice que la **galena de la mina Virgen del Pilar** proviene del **término de Cútar,** pero recordemos que en el Puerto de la Torre existía, en esos años, una mina de plomo con ese nombre. Cútar aportó a la delegación malagueña su mineral de galena, aunque no se dijera en el catálogo el nombre de la mina de donde procedía.

Hay que insistir sobre la importancia que los países participantes daban a este tipo de eventos: el orgullo nacional de cada uno de ellos quedaba expuesto ante el mundo por medio de los productos aportados, por lo que las naciones preparaban concienzudamente su presencia en la exposición. Aquí, en España, por Real Decreto de 6 de noviembre de 1861 se creaba la Comisión Regia[XXI] encargada de realizar los preparativos necesarios para el éxito español en el evento. Entre las funciones de esta comisión, compuesta por catorce personajes notables presididos por Pedro Colón y Ramírez de Baquedano, XII duque de Veragua y descendiente directo de Cristóbal Colón, está la de seleccionar y preparar los productos que se mandan a Londres. En la memoria final sobre la sección española que se remite a la reina Isabel II se habla del éxito obtenido por:

«… los tejidos y sederías de Barcelona, los hierros famosos de To-ledo, y la artillería de Trubia… Los productos agrícolas presentes en la exhibición es rica y abundante…».

Pero también nos dicen en la memoria que:

«España podia y debia haber llamado la atencion por sus productos minerales en la Exposicion de 1862; pero desgraciadamente el local asig-nado a nuestro país en el Palacio de Kensington ha sido reducidísimo (…) por falta de local, no haya podido aparecer cual corresponde la riqueza mineral de nuestro país, tanto por la abundancia y variedad, como en razon á la calidad de sus especies minerales»[XXII].

Inglaterra, como nación anfitriona, fue objeto de numerosas críticas del resto de países, pues se reservó para sí más de la mitad del espacio expositivo disponible, dando la impresión de que la Expo-sición se *«… hacía para que solo la Inglaterra pueda hacer ostentación por completo de sus productos»[XXIII],* según contaba desde Londres el ingeniero Casiano del Prado. Además de esta queja contra la organización de la exposición por no dejar espacio suficiente a las demás naciones participantes, también recibieron críticas *«… nuestros primeros indus-triales se han abstenido, por negligencia quizás, de exhibir en esta ocasión, sin comprender que perjudican con ello al prestigio industrial de España en el extranjero…»[XXIV].*

La representación española en esta exposición obtuvo un total de 133 medallas y 150 menciones honoríficas.

◆◆◆

La siguiente exposición universal se celebra en París en 1867. En esta ocasión comienzan los preparativos con dos años de antelación para llevar a París una representación digna: el 11 de septiembre de 1865 aparece una Real Orden en la que se ordena la constitución en cada provincia de una comisión, presidida por el gobernador civil, que reuniese los objetos que debían enviarse a la exposición universal. La Real Orden dejaba claro que:

«… Conviene mucho no enviar lo que no tenga su mérito relativo ni sea digno de un país que debe hacer justo alarde de sus elementos de prosperidad y de su progreso en las ciencias, las artes y los oficios»[XXV].

Posteriormente, y por medio de otra Real Orden (28 de octubre de 1865), se crea la Comisión Regia con la misión de gestionar:

«… todo cuanto estime conducente para promover la concurrencia de los productos de la agricultura, de la industria y de las artes a la exposición universal que ha de celebrarse en París el año 1867»[XXVI].

Formaban parte de esta comisión personajes tan importantes en la historia española como el general Serrano, Pascual Madoz o Francisco Luján. Otro miembro destacado en la comisión es el anteriormente citado Casiano del Prado, ingeniero de minas y geógrafo de fama internacional, que fue testigo directo de la anterior exposición. Este ingeniero comienza a trabajar con el firme propósito de superar el poco éxito obtenido en la exposición de Londres por la minería española.

Con esa idea decide contar con el Cuerpo de Ingenieros de Minas para organizar las colecciones que se enviarán a París. Contacta personalmente con los ingenieros jefes de cada provincia, en los que delega la responsabilidad de buscar, preparar y organizar las muestras de minerales con las que se comparece a la exposición, consiguiendo que de las cuarenta provincias que exponen sus minerales en París, veinticuatro dependan directamente del Cuerpo de Ingenieros. En el catálogo oficial de la sección española se les reconoce el trabajo que realizaron:

«Debe figurar en primer lugar entre los expositores el Cuerpo de Ingenieros de Minas (…) que ha tenido que vencer toda clase de dificul-

tades para conseguir organizar la colección que en esta ocasión se presenta, obrando por medio de sus agentes naturales, los ingenieros jefes de las diferentes provincias»[XXVII].

Caravantes se apellida el ingeniero que se encarga en Málaga de llevar a cabo la selección de muestras y de nuevo envía a París minerales de la mina de Cútar. La lista que aparece en el catálogo de la sección española es la siguiente:

«122 CUERPO DE INGENIEROS DE MINAS; Málaga.
—328. Hierro magnético, del término de Ogen.—329. Id. oxidado arcilloso. Precios: los minerales de hierro se benefician en las fábricas de Málaga y Marbella, sin ponerse en venta. —330. Minerales plomizos de los términos de Nerja y Competa. —331. Galena argentífera, del término de Cutar. —332 Id. del término de Marbella. —333. Id. del mismo término. —334. Id. del de Ogen. —335. Carbonato de plomo, del término de Alhaurin. Precios: los minerales plomizos simples y los argentíferos tienen valores muy variables, sujetándose á las reglas que para evaluarlos se siguen en las provincias de Almería y Murcia.—336. Calamina, del termino de Junquera.—337. Id. del término de Marbella. —338. Id. del término de Alhaurin. —339. Id. del mismo término. Precios: las calaminas se suelen vender en las diversas localidades á escudos 1'779 quintal métrico.—340. Cinabrio, del término de Torrox.—341. Azufre, del término de Antequera. —342. Esteatita, del término de Ogen.—343. Yeso, del término de Fuengirola. Precios: en la localidad á escudos 1'739 quintal métrico.—344. Arenisca, de las Ermitas, término de Málaga, 23 escudos metro cúbico.—345. Caliza grosera silicítera, de id. —346. Caliza cuarzosa, de id. (Jaspón). 28 escudos metro cúbico. —347. Serpentina, de Marbella.—348. Mármoles de Coin, 74 escudos metro cúbico»[XVIII].

La colección de minerales que el Cuerpo de Ingenieros lleva a la exposición es tan importante que se hace merecedora de una medalla de oro:

«Exposición de Paris.- Según nos escriben de Paris el Cuerpo de Ingenieros de minas ha obtenido en la Exposicion una medalla de oro por la colección de minerales de todas las provincias de España que ha reunido y ha presentado en aquel concurso»[XXIX].

La exposición de París se inauguró el 1 de abril de 1867 y se clausuró el 31 de octubre. Contó con la participación de 32 países y 52.226 expositores, recibiendo la visita de 9.238.967 personas.

Recalcar de nuevo que los países invitados a estas exposiciones ponían en juego su prestigio internacional, por lo que acudían a estos eventos con los productos más relevantes de su industria, después de pasar por una cuidada selección. Por eso, el hecho de asistir a dos exposiciones internacionales con minerales de Cútar debe dar una idea de la calidad de lo que se extraía aquí para ser considerado digno de ser expuesto, representando a Málaga como provincia y a España como nación. Por otro lado, este puede ser el hito internacional más importante alcanzado por nuestro pueblo, si consideramos que entre las dos exposiciones más de quince millones de personas de todo el mundo pudieron conocer la existencia de un pequeño pueblo de Málaga llamado Cútar gracias a los minerales que se extraían de su mina.

1898, mina Favor

Para completar el repaso a la historia minera de Cútar es necesario recordar esta concesión que, aunque no se ubica en las proximidades del arroyo de la Merina, está dentro de su término municipal.

Por una orden del gobernador fechada el 3 de noviembre de 1897 se demarcó el 20 de junio de 1898 la mina denominada Favor[XXX], en el paraje llamado Arroyo de la Fajarda, situado en las Rozas, dentro del término municipal de Cútar. Con una extensión de doce hectáreas, en ella se pretendía extraer *«hierro y otras»*, tal y como consta en el expediente.

Los puntos visuales de referencia son, desde el punto de partida, *«un punto auxiliar; la puerta del cortijo de Juan el Médico; la puerta del cortijo de Lucas»*. Los restos abandonados de dichos cortijos todavía son visibles en el paisaje de las Rozas, aunque desconozco si existen restos de la explotación en la zona.

A la demarcación, realizada por el ingeniero C. de Lamuela, asistieron como testigos don Joaquín del Pino Rodríguez, vecino de Málaga, y don Miguel Moreno Martín, de Cútar; también estuvo presente el solicitante de la explotación, Manuel Peñuelas, de Málaga.

La concesión se aprobó el 10 de septiembre de 1898 y estuvo vigente hasta el 24 de marzo de 1905, fecha en la que caducó. Esta mina, Favor, no aparece en ninguna de las fuentes consultadas, por lo que no es posible saber si estuvo en actividad en los años que duró la concesión.

Notas y referencias bibliográficas empleadas en este cuaderno

[I] M. A. Pérez de Perceval Verde y M. A. López-Morell. «Fuentes para la historia empresarial de la minería española», 2013, *Boletín Geológico y Minero,* n.º 124, página 424.

[II] Como indican M. Carmen Calderón Berrocal y Emilio M. Romero Macías en su trabajo *La minería en la historia. Sobre el derecho de los reyes en las minas de oro, plata y otros metales, aguas y pozos de sal,* en esta época «las minas habían caído en manos de particulares y caballeros» y debido a la alta fiscalidad a la que eran sometidas «… eran pocas las minas en labor, aun cuando algunos teniendo noticia de la existencia y localización de riquezas mineras, no solo las tenían sin explotar, sino que las mantenían encubiertas evitando su conocimiento y localización».

[III] Miguel de Burgos. *Registro y Relación General de Minas de la Corona de Castilla.* Tomo 1, página XIII.

[IV] Archivo Histórico Provincial de Málaga. Fondo de Minas. Legajo 8928.

[V] Archivo Histórico Provincial de Málaga. Fondo de Minas. Legajo 8928. Expediente 2196.

[VI] Para saber más sobre este tema se puede consultar el artículo de don Torcuato Fernández-Miranda titulado «El Régimen de Minas en el derecho positivo español». Este trabajo está disponible en el siguiente enlace: https://digibuo.uniovi.es/dspace/bitstream/10651/4588/1/2073097_367

[VII] Ministerio de Fomento-Dirección General de Agricultura Industria y Comercio, Comisión Ejecutiva de Estadística Minera, datos estadísticos de 1890-91, pág. 54.

[VIII] *Ibidem,* pág. 26.

[IX] *Revista de Geografía Comercial,* año VIII, tomo que contiene los números 118, 119 y 120, correspondientes a los meses de junio, julio y agosto de 1863, página 444.

[X] Archivo Histórico Provincial de Málaga. Fondo de Minas. Legajo 8928. Expediente 2305.

[XI] Archivo Histórico Provincial de Málaga. Fondo de Minas. Legajo 8928. Expediente 3721.

[XII] Archivo Histórico Provincial de Málaga. Fondo de Minas. Legajo 8928. Expediente 3975.

[XIII] *Estadística Minera 1907,* pág. 329.

[XIV] *Estadística Minera 1908,* pág. 385.

[XV] *Estadística Minera 1910,* pág. 44.

[XVI] *Ibidem,* pág. 334.

[XVII] Archivo Histórico Provincial de Málaga. Fondo de Minas. Legajo 8928. Expediente 4829.

[XVIII] Archivo Histórico Provincial de Málaga. Fondo de Minas. Legajo 8928. Expediente 5715.

[XIX] *Exposición Internacional de 1862 en Londres, departamento español, catálogo oficial*. Introducción, pág. 5.

[XX] *Ibidem*, Sección 1ª, Productos Agrícolas e Industriales. Pág. 10 de la sección, 38 del catálogo.

[XXI] *Ibidem,* pág. 10.

[XXII] *Memoria presentada por el Excmo. Sr. D. Francisco de Luxan de la Exposición Internacional de Londres de 1862.* Madrid, Imprenta Nacional, 1863, pág. 52.

[XXIII] *Revista Minera, 1862,* tomo 13, pág. 652.

[XXIV] *Ibidem,* pág. 654.

[XXV] *Revista Minera, 1865,* tomo 16, pág. 604.

[XXVI] *Ibidem,* pág. 699.

[XXVII] *Exposición Universal de 1867, catálogo general de la sección española, publicado por la Comisión Regia de España,* prólogo, pág. 15.

[XXVIII] *Ibidem,* pág. 193.

[XXIX] *Revista Minera de España, 1897,* número 18, página 211.

[XXX] Archivo Histórico Provincial de Málaga. Fondo de Minas. Legajo 8928. Expediente 2694.

Sobre el autor

José Ignacio Rey Coín cursó estudios de Delineación, y toda su vida profesional ha estado ligada al mundo de la edificación, donde no ha parado de formarse, llegando en 2012 a publicar un manual técnico de construcción, que sería su primera incursión en el mundo de la escritura.

Gran aficionado desde la infancia a la lectura, en los últimos años ha enfocado esa afición al estudio de temas arqueológicos e históricos relacionados con la Axarquía, pero sobre todo con los referentes a su pueblo natal, Cútar, por el que siente un apego muy especial. El fruto de esos años de estudio son los Cuadernos de apuntes sobre Cútar, a los que espera poder añadir una segunda parte en el futuro.

Índice